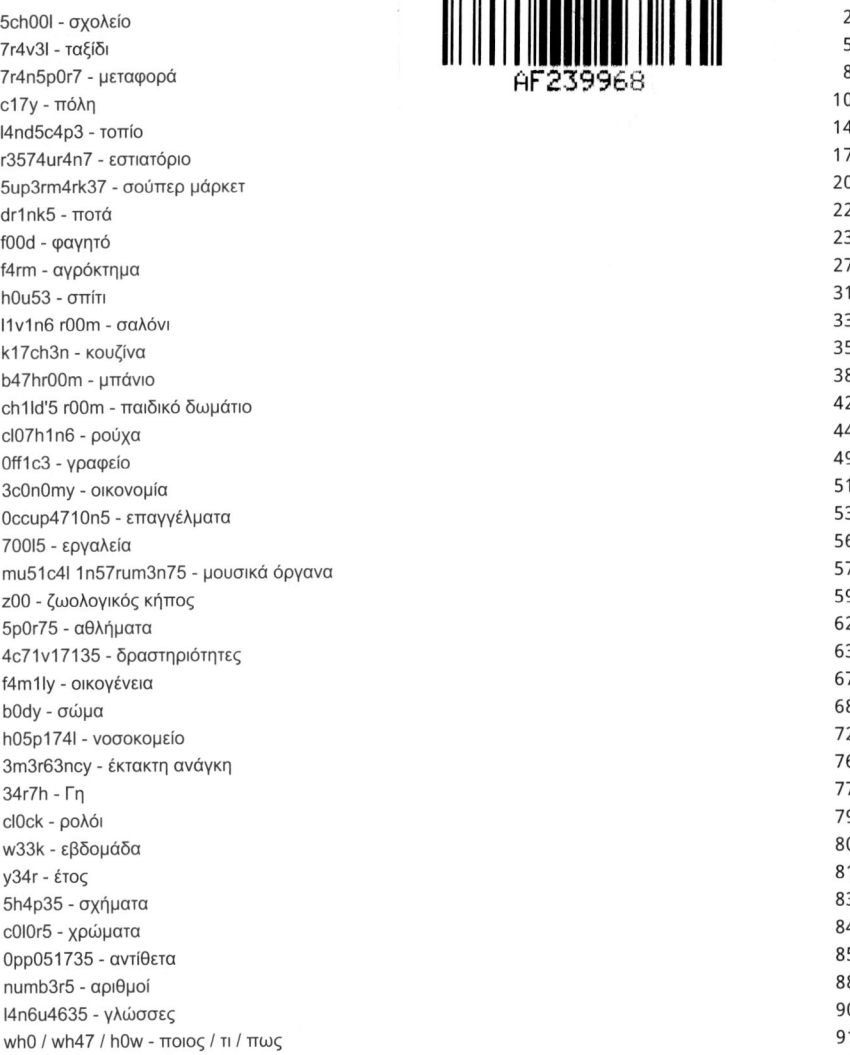

Impressum
Verlag: BABADADA GmbH, Nedderfeld 112 , 22529 Hamburg
Geschäftsführer / Verlagsleitung: Harald Hof
Druck: Books on Demand GmbH, In de Tarpen 42, 22848 Norderstedt

Imprint
Publisher: BABADADA GmbH, Nedderfeld 112 , 22529 Hamburg, Germany
Managing Director / Publishing direction: Harald Hof
Print: Books on Demand GmbH, In de Tarpen 42, 22848 Norderstedt

5ch00l

σχολείο

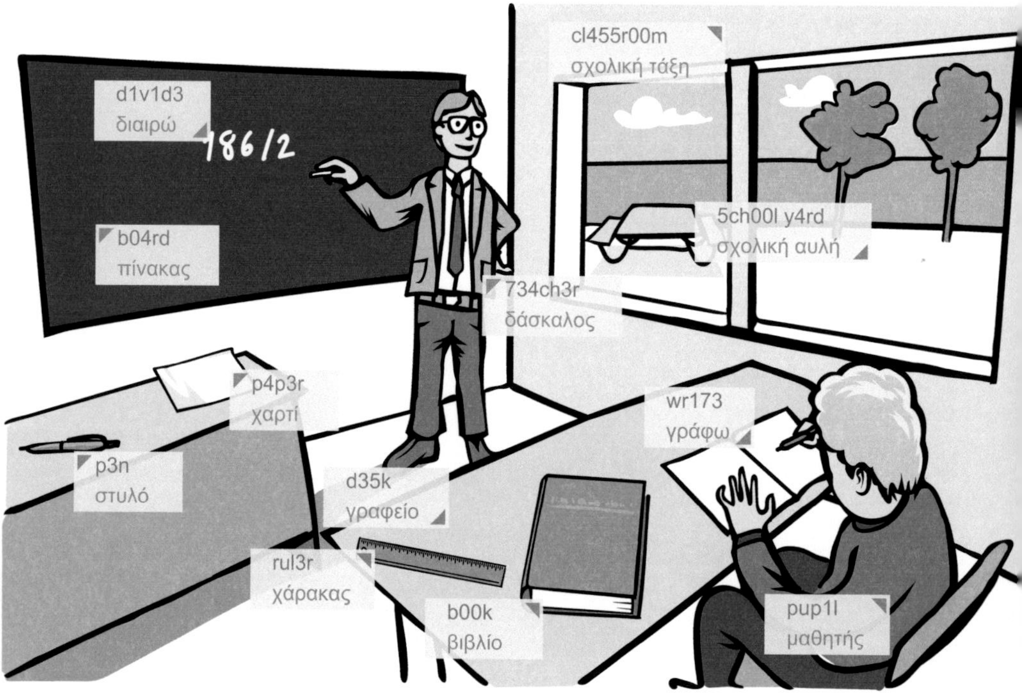

cl455r00m
σχολική τάξη
d1v1d3
διαιρώ
186/2
b04rd
πίνακας
5ch00l y4rd
σχολική αυλή
734ch3r
δάσκαλος
p4p3r
χαρτί
wr173
γράφω
p3n
στυλό
d35k
γραφείο
rul3r
χάρακας
b00k
βιβλίο
pup1l
μαθητής

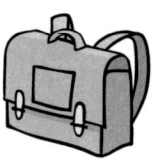

547ch3l

σχολική τσάντα

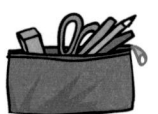

p3nc1l c453

κασετίνα/ μολυβοθήκη

p3nc1l

μολύβι

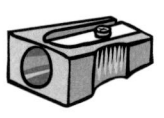

p3nc1l 5h4rp3n3r

ξύστρα

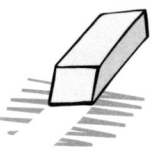

rubb3r

γόμα

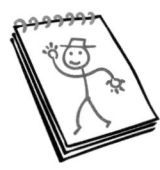

dr4w1n6 p4d

μπλοκ ζωγραφικής

dr4w1n6

ζωγραφική

p41n7bru5h

πινέλο

p41n7 b0x

κουτί χρωμάτων

5c1550r5

ψαλίδι

6lu3

κόλλα

3x3rc153 b00k

τετράδιο ασκήσεων

h0m3w0rk

εργασία για το σπίτι

numb3r

αριθμός

4dd

προσθέτω

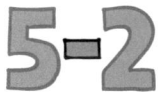

5ub7r4c7

αφαιρώ

mul71ply

πολλαπλασιάζω

c4lcul473

υπολογίζω

l3773r

γράμμα

4lph4b37

αλφάβητο

w0rd

λέξη

73x7

κείμενο

r34d

διαβάζω

ch4lk

κιμωλία

l3550n

μάθημα

r361573r

εγγράφομαι

3x4m1n4710n

τεστ

c3r71f1c473

πιστοποιητικό

5ch00l un1f0rm

μαθητική στολή

3duc4710n

εκπαίδευση

3ncycl0p3d14

εγκυκλοπαίδεια

un1v3r517y

πανεπιστήμιο

m1cr05c0p3

μικροσκόπιο

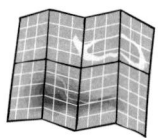

m4p

χάρτης

w4573-p4p3r b45k37

καλάθι αχρήστων

7r4v3l

ταξίδι

h073l
ξενοδοχείο
Grand
h0573l
ξενώνας
ROOMS
curr3ncy 3xch4n63 0ff1c3
ανταλλακτήρια συναλλάγματος
EXCHANGE
5u17c453
βαλίτσα
c4r
αυτοκίνητο

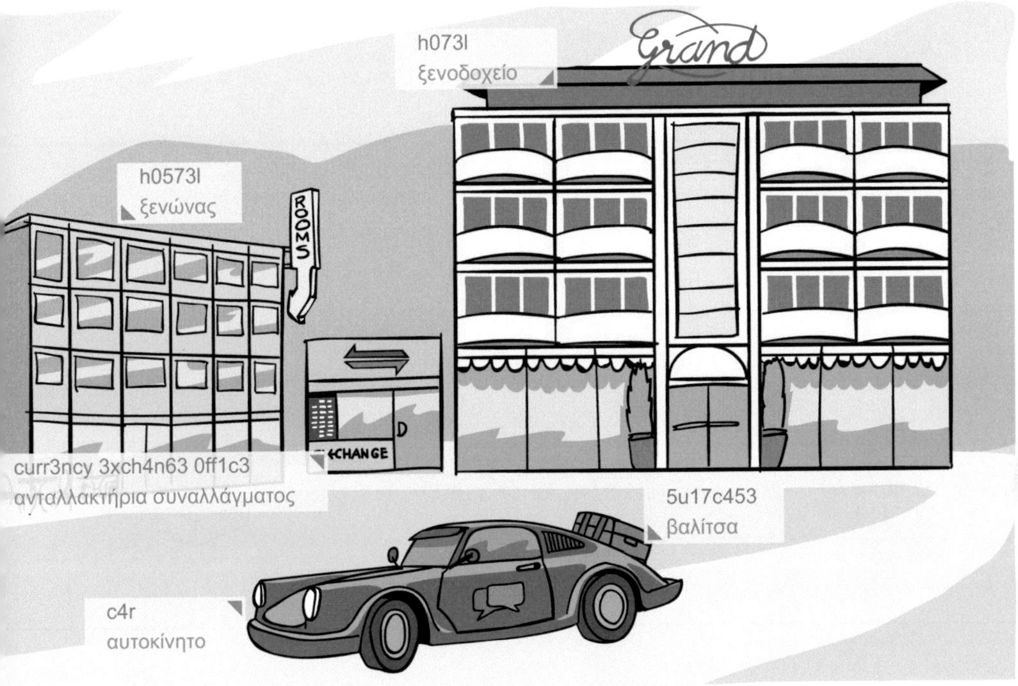

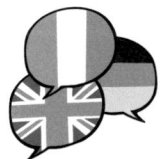

l4n6u463

γλώσσα

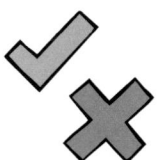

y35 / n0

ναι / όχι

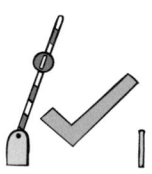

0k4y

εντάξει

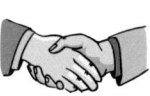

h3ll0

γεια σου

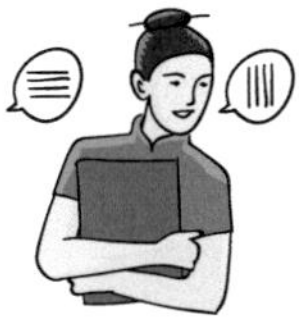

7r4n5l470r

μεταφραστής

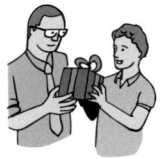

7h4nk y0u

Ευχαριστώ

h0w much 15

πόσο κάνει ;

1 d0 n07 und3r574nd

Δε καταλαβαίνω

pr0bl3m

πρόβλημα

600d 3v3n1n6!

Καλησπέρα!

600d m0rn1n6!

Καλημέρα!

600d n16h7!

Καληνύχτα!

600dby3

Αντίο

d1r3c710n

κατεύθυνση

lu66463

αποσκευές

b46

τσάντα

b4ckp4ck

σακίδιο πλάτης

6u357

καλεσμένος

r00m

δωμάτιο

5l33p1n6 b46

υπνόσακος

73n7

σκηνή

70ur157 1nf0rm4710n

τουριστικές πληροφορίες

b34ch

παραλία

cr3d17 c4rd

πιστωτική κάρτα

br34kf457

πρωινό

lunch

μεσημεριανό

d1nn3r

δείπνο

71ck37

εισιτήριο

3l3v470r

ανελκυστήρας

574mp

γραμματόσημο

b0rd3r

σύνορα

cu570m5

τελωνείο

3mb455y

πρεσβεία

v154

βίζα

p455p0r7

διαβατήριο

7r4n5p0r7

μεταφορά

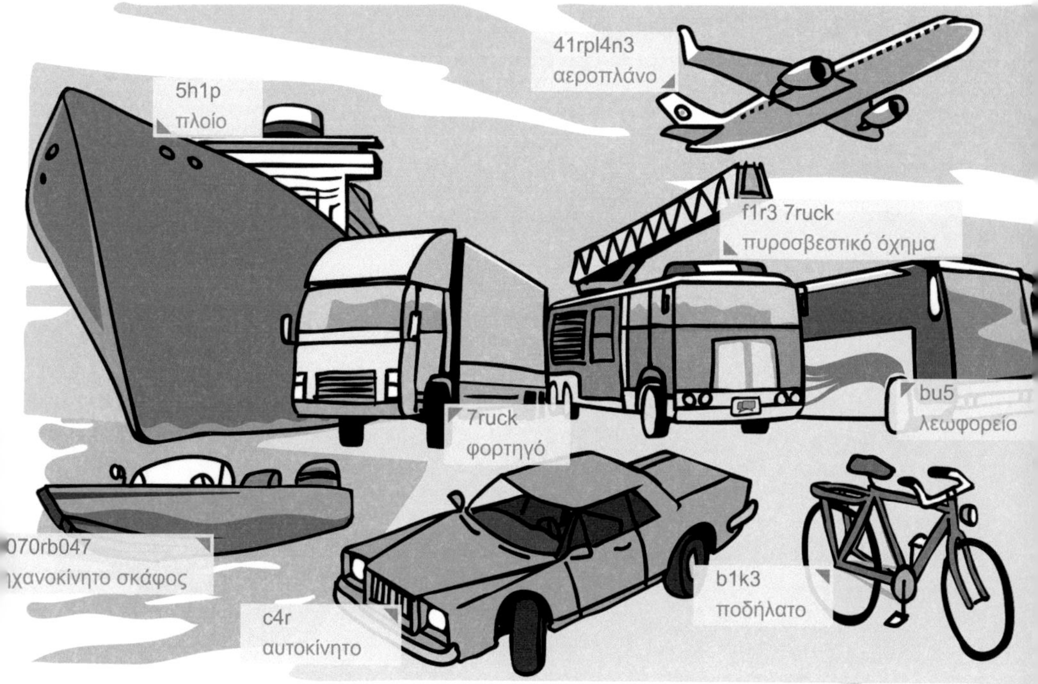

41rpl4n3
αεροπλάνο
5h1p
πλοίο
f1r3 7ruck
πυροσβεστικό όχημα
7ruck
φορτηγό
bu5
λεωφορείο
070rb047
ιχανοκίνητο σκάφος
b1k3
ποδήλατο
c4r
αυτοκίνητο

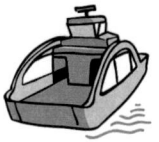

f3rry

φεριμπότ

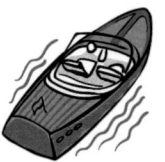

b047

βάρκα

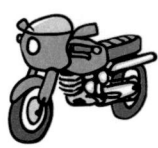

m070rb1k3

μοτοσικλέτα

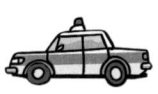

p0l1c3 c4r

περιπολικό

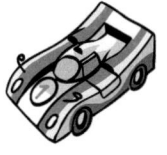

r4c1n6 c4r

αγωνιστικό αυτοκίνητο

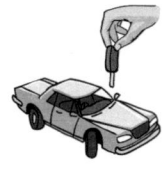

r3n74l c4r

ενοικιαζόμενο αυτοκίνητο

c4r 5h4r1n6

ιαμοιρασμός αυτοκινήτων

70w 7ruck

γερανός

64rb463 7ruck

απορριμματοφόρο

3n61n3

κινητήρας

fu3l

καύσιμο

fu3l 574710n

βενζινάδικο

7r4ff1c 516n

πινακίδα σήμανσης

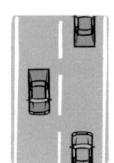

7r4ff1c

κυκλοφορία

7r4ff1c j4m

κυκλοφοριακή συμφόρηση

p4rk1n6 l07

χώρος στάθμευσης

7r41n 574710n

σιδηροδρομικός σταθμός

7r4ck5

σιδηροδρομικές γραμμές

7r41n

τρένο

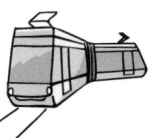

7r4m

τραμ

w460n

βαγόνι

h3l1c0p73r

ελικόπτερο

41rp0r7

αεροδρόμιο

70w3r

πύργος

p4553n63r

επιβάτης

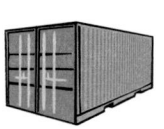

c0n741n3r

εμπορευματοκιβώτιο

c4r70n

χαρτοκιβώτιο

c4r7

καρότσι

b45k37

καλάθι

74k3 0ff / l4nd

απογειώνομαι /
προσγειόνομαι

c17y

πόλη

v1ll463

χωριό

c17y c3n73r

κέντρο της πόλης

h0u53

σπίτι

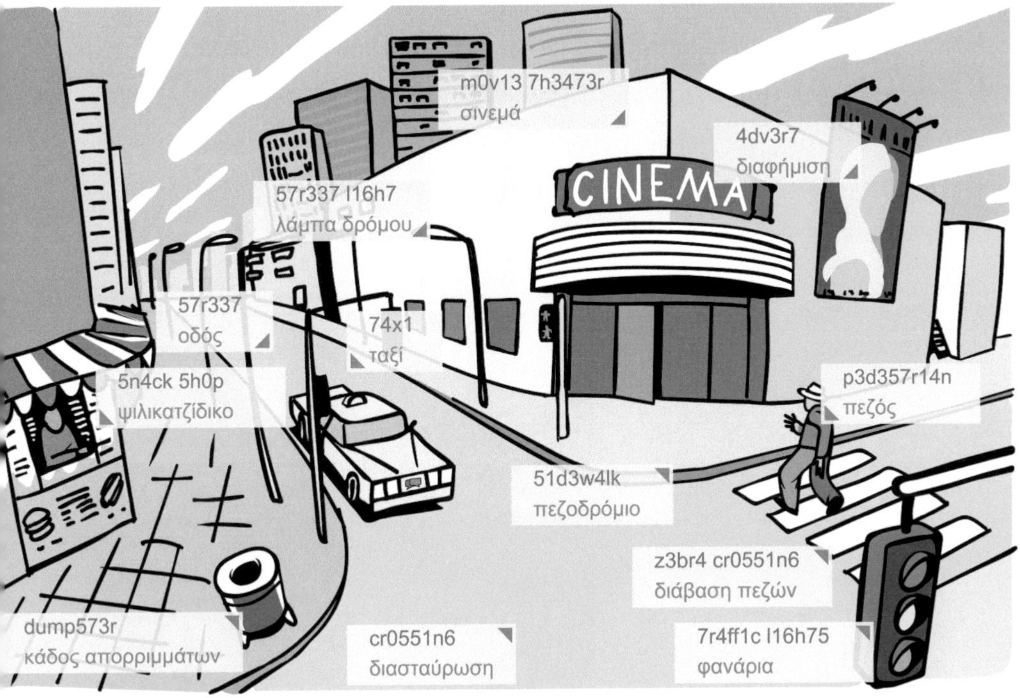

m0v13 7h3473r
σινεμά

4dv3r7
διαφήμιση

57r337 l16h7
λάμπα δρόμου

57r337
οδός

74x1
ταξί

5n4ck 5h0p
ψιλικατζίδικο

p3d357r14n
πεζός

51d3w4lk
πεζοδρόμιο

z3br4 cr0551n6
διάβαση πεζών

dump573r
κάδος απορριμμάτων

cr0551n6
διασταύρωση

7r4ff1c l16h75
φανάρια

hu7

καλύβα

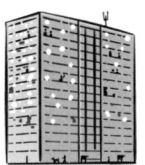

4p4r7m3n7

διαμέρισμα

7r41n 574710n

σιδηροδρομικός σταθμός

c17y h4ll

δημαρχείο

mu53um

μουσείο

5ch00l

σχολείο

c17y - πόλη

un1v3r517y

πανεπιστήμιο

b4nk

τράπεζα

h05p174l

νοσοκομείο

h073l

ξενοδοχείο

ph4rm4cy

φαρμακείο

0ff1c3

γραφείο

b00k 5h0p

βιβλιοπωλείο

5h0p

κατάστημα

fl0w3r 5h0p

ανθοπωλείο

5up3rm4rk37

σούπερ μάρκετ

m4rk37

αγορά

d3p4r7m3n7 570r3

πολυκατάστημα

f15hm0n63r'5 5h0p

ιχθυοπωλείο

m4ll

εμπορικό κέντρο

h4rb0r

λιμάνι

p4rk

πάρκο

b3nch

παγκάκι

br1d63

γέφυρα

5741r5

σκάλες

5ubw4y

μετρό

7unn3l

τούνελ

bu5 570p

στάση λεωφορείου

b4r

μπαρ

r3574ur4n7

εστιατόριο

p057b0x

γραμματοκιβώτιο

57r337 516n

πινακίδα δρόμου

p4rk1n6 m373r

παρκόμετρο

z00

ζωολογικός κήπος

5w1mm1n6 p00l

πισίνα

m05qu3

τζαμί

f4rm

αγρόκτημα

p0llu710n

ρύπανση

c3m373ry

νεκροταφείο

church

εκκλησία

pl4y6r0und

παιδική χαρά

73mpl3

ναός

l4nd5c4p3

τοπίο

l34f
φύλλο

516np057
πινακίδα κατεύθυνσης

p47h
δρόμος

m34d0w
λιβάδι

570n3
πέτρα

7r33
δέντρο

h1k3r
πεζοπόρος

r1v3r
ποτάμι

6r455
χορτάρι

fl0w3r
λουλούδι

v4ll3y

κοιλάδα

h1ll

λόφος

l4k3

λίμνη

f0r357

δάσος

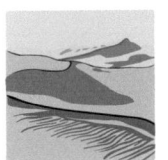

d353r7

έρημος

v0lc4n0

ηφαίστειο

c457l3

κάστρο

r41nb0w

ουράνιο τόξο

mu5hr00m

μανιτάρι

p4lm 7r33

φοίνικας

m05qu170

κουνούπι

fly

μύγα

4n7

μυρμήγκι

b33

μέλισσα

5p1d3r

αράχνη

b337l3

σκαθάρι

fr06

βάτραχος

5qu1rr3l

σκίουρος

h3d63h06

σκαντζόχοιρος

h4r3

λαγός

0wl

κουκουβάγια

b1rd

πουλί

5w4n

κύκνος

b04r

αγριογούρουνο

d33r

ελάφι

m0053

άλκη

d4m

φράγμα

w1nd 7urb1n3

ανεμογεννήτρια

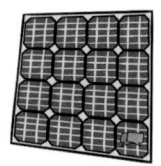

50l4r p4n3l

ηλιακός συλλέκτης

cl1m473

κλίμα

r3574ur4n7

εστιατόριο

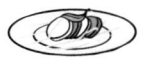

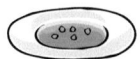

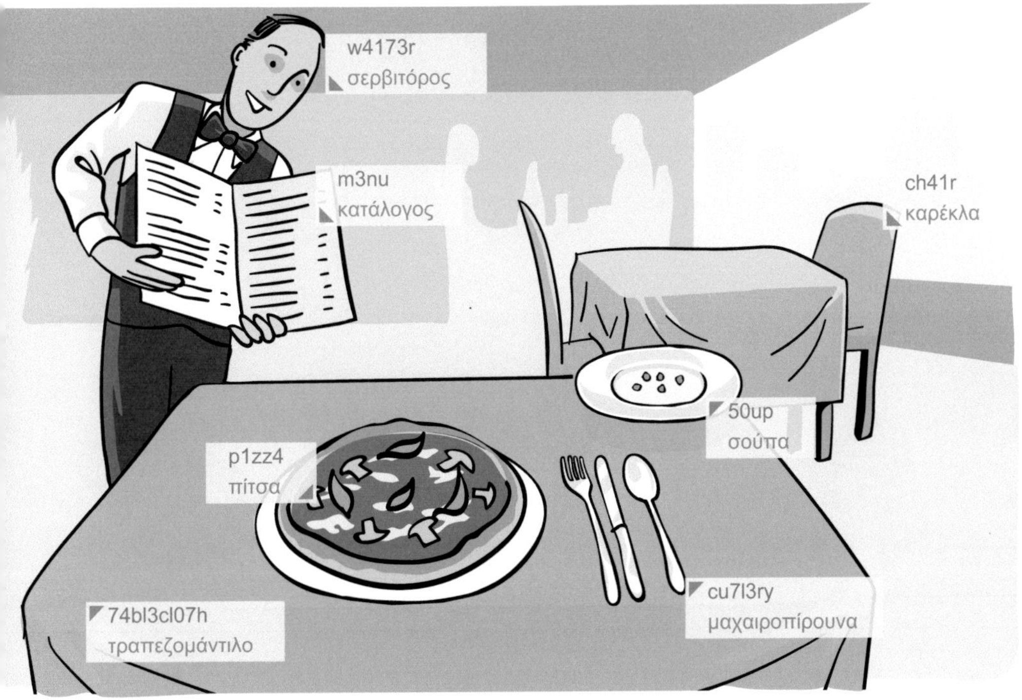
w4173r
σερβιτόρος
m3nu
κατάλογος
ch41r
καρέκλα
50up
σούπα
p1zz4
πίτσα
cu7l3ry
μαχαιροπίρουνα
74bl3cl07h
τραπεζομάντιλο

574r73r

ορεκτικό

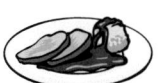

m41n c0ur53

κύριο πιάτο

d3553r7

επιδόρπιο

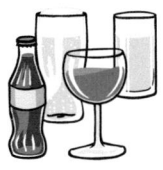

dr1nk5

ποτά

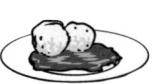

f00d

φαγητό

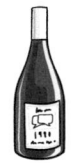

b077l3

μπουκάλι

f457 f00d

φαστ φουντ

57r337 f00d

φαγητό στ' όρθιο

734p07

τσαγιέρα

5u64r b0wl

δοχείο ζάχαρης

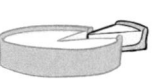

p0r710n

μερίδα

35pr3550 m4ch1n3

μηχανή εσπρέσο

h16h ch41r

ψηλή καρέκλα

b1ll

λογαριασμός

7r4y

δίσκος

kn1f3

μαχαίρι

f0rk

πιρούνι

5p00n

κουτάλι

7345p00n

κουταλάκι του τσαγιού

53rv13773

πετσέτα φαγητού

6l455

ποτήρι

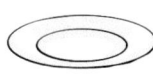

pl473

πιάτο

50up pl473

πιάτο σούπας

54uc3r

πιατάκι φλιτζανιού

54uc3

σάλτσα

54l7 5h4k3r

αλατιέρα

p3pp3r m1ll

μύλος για πιπέρι

v1n364r

ξύδι

01l

λάδι

5p1c35

μπαχαρικά

k37chup

κέτσαπ

mu574rd

μουστάρδα

m4y0nn4153

μαγιονέζα

5up3rm4rk37
σούπερ μάρκετ

5p3c14l 0ff3r
προσφορά
FOR
cu570m3r
πελάτης
d41ry pr0duc75
γαλακτοκομικά προϊόντα
fru17
φρούτα
5h0pp1n6 c4r7
καρότσι για ψώνια

BUTCHERS

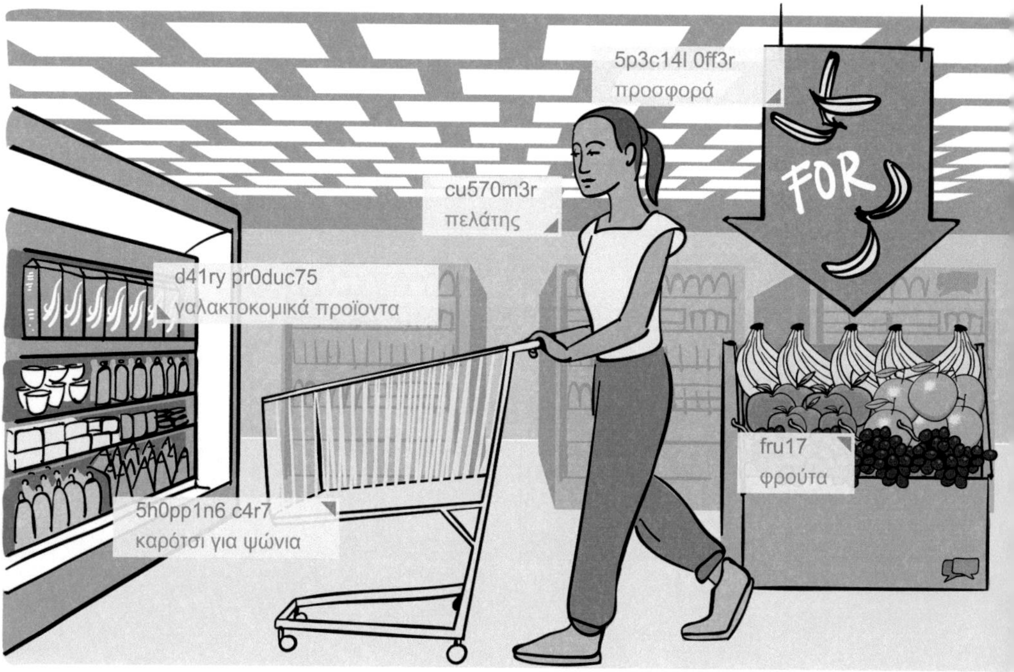

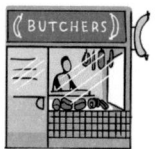

bu7ch3r'5 5h0p

κρεοπωλείο

BAKERY

b4k3ry

φούρνος

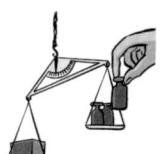

w316h

ζυγίζω

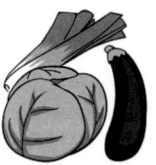

v36374bl35

λαχανικά

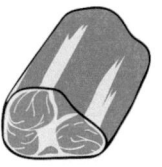

m347

κρέας

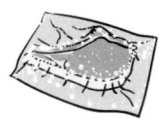

fr0z3n f00d

κατεψυγμένα τρόφιμα

c0ld cu75

αλλαντικά

c4nn3d f00d

κονσερβοποιημένη τροφή

d373r63n7

απορρυπαντικό ρούχων

c4ndy

γλυκά

h0u53h0ld pr0duc75

οικιακά είδη

cl34n1n6 pr0duc75

καθαριστικά προϊόντα

54l35 r3pr353n7471v3

πωλήτρια

c45h r361573r

ταμείο

c45h13r

ταμίας

5h0pp1n6 l157

λίστα για ψώνια

0p3n1n6 h0ur5

ωράριο λειτουργίας

w4ll37

πορτοφόλι

cr3d17 c4rd

πιστωτική κάρτα

b46

τσάντα

pl4571c b46

πλαστική σακούλα

w473r

νερό

ju1c3

χυμός

m1lk

γάλα

c0k3

κόκα κόλα

w1n3

κρασί

b33r

μπίρα

4lc0h0l

αλκοόλ

c0c04

κακάο

734

τσάι

c0ff33

καφές

35pr3550

εσπρέσο

c4ppucc1n0

καπουτσίνο

b4n4n4

μπανάνα

4ppl3

μήλο

0r4n63

πορτοκάλι

m3l0n

πεπόνι

l3m0n

λεμόνι

c4rr07

καρότο

64rl1c

σκόρδο

b4mb00

μπαμπού

0n10n

κρεμμύδι

mu5hr00m

μανιτάρι

nu75

ξηροί καρποί

n00dl35

νουντλς

5p46h3771

μακαρόνια

r1c3

ρύζι

54l4d

σαλάτα

fr135

πατατάκια

fr13d p0747035

τηγανητές πατάτες

p1zz4

πίτσα

h4mbur63r

χάμπουργκερ

54ndw1ch

σάντουιτς

35c4l0p3

κοτολέτα

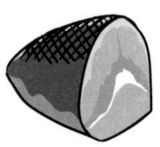

h4m

ζαμπόν

54l4m1

σαλάμι

54u5463

λουκάνικο

ch1ck3n

κοτόπουλο

r0457

ψητό

f15h

ψάρι

p0rr1d63 0475

χυλός βρώμης

mu35l1

μούσλι

c0rnfl4k35

κορν φλέικς

fl0ur

αλεύρι

cr01554n7

κρουασάν

br34d r0ll

ψωμάκι

br34d

ψωμί

70457

τοστ

c00k135

μπισκότα

bu773r

βούτυρο

curd

τυρόπηγμα

c4k3

κέικ

366

αυγό

fr13d 366

τηγανητό αυγό

ch3353

τυρί

f00d - φαγητό

1c3 cr34m

παγωτό

5u64r

ζάχαρη

h0n3y

μέλι

j3lly

μαρμελάδα

n0u647 cr34m

άλλειμμα σοκολάτας

curry

κάρυ

f4rm

αγρόκτημα

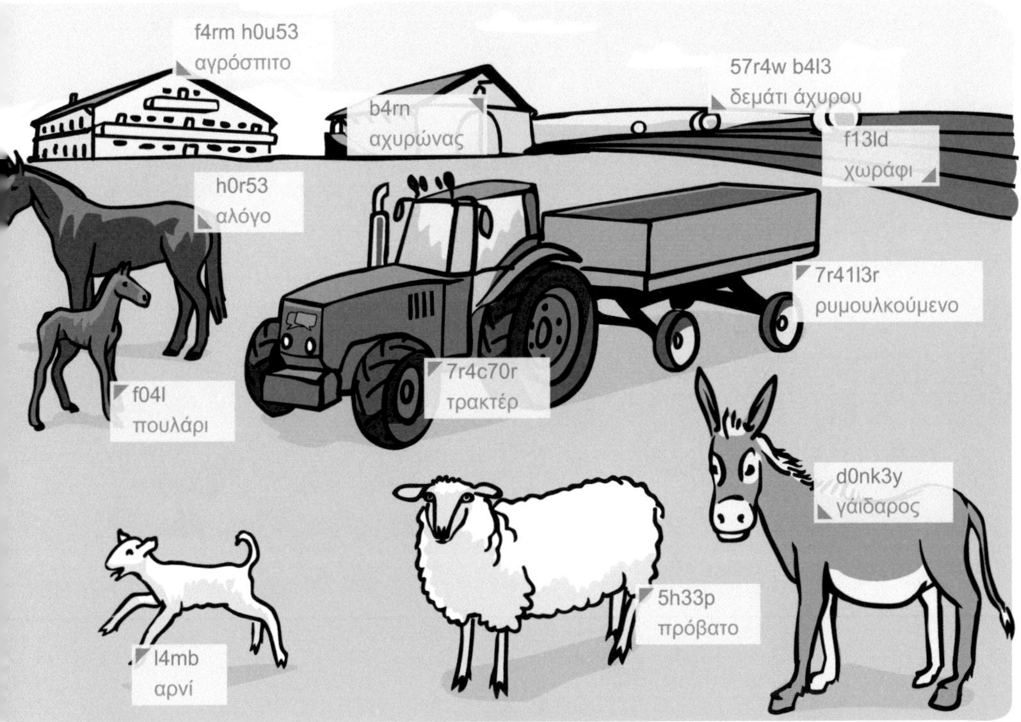

f4rm h0u53
αγρόσπιτο
b4rn
αχυρώνας
57r4w b4l3
δεμάτι άχυρου
f13ld
χωράφι
h0r53
αλόγο
7r41l3r
ρυμουλκούμενο
f04l
πουλάρι
7r4c70r
τρακτέρ
d0nk3y
γάιδαρος
5h33p
πρόβατο
l4mb
αρνί

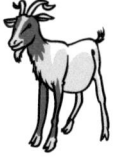

6047

κατσίκα

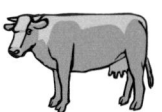

c0w

αγελάδα

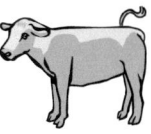

c4lf

μοσχαράκι

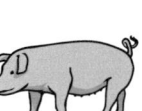

p16

γουρούνι

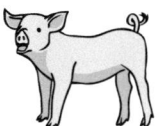

p16l37

γουρουνάκι

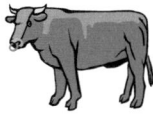

bull

ταύρος

60053

χήνα

duck

πάπια

ch1ck

κοτοπουλάκι

h3n

κότα

c0ck3r3l

κόκορας

r47

αρουραίος

c47

γάτα

m0u53

ποντίκι

0x

βόδι

d06

σκύλος

d06 h0u53

σπιτάκι σκύλου

64rd3n h053

λάστιχο κήπου

w473r1n6 c4n

ποτιστήρι

5cy7h3

θεριστήρι

pl0u6h

αλέτρι

51ckl3

δρεπάνι

h03

τσάπα

p17chf0rk

δίκρανο

4x3

τσεκούρι

pu5hc4r7

χειράμαξα

7r0u6h

ταΐστρα

m1lk c4n

δοχείο γάλακτος

54ck

σάκος

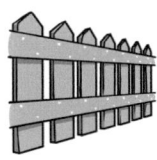

f3nc3

φράχτης

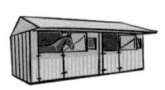

574bl3

στάβλος

6r33nh0u53

θερμοκήπιο

501l

έδαφος

533d

σπόρος

f3r71l1z3r

λίπασμα

c0mb1n3 h4rv3573r

θεριζοαλωνιστική μηχανή

h4rv357

θερίζω

h4rv357

συγκομιδή

y4m5

γιαμς

wh347

σιτάρι

50y4

σόγια

p07470

πατάτα

c0rn

καλαμπόκι

r4p3533d

κράμβη

fru17 7r33

οπωροφόρο δέντρο

m4n10c

μανιόκα

6r41n

δημητριακά

h0u53

σπίτι

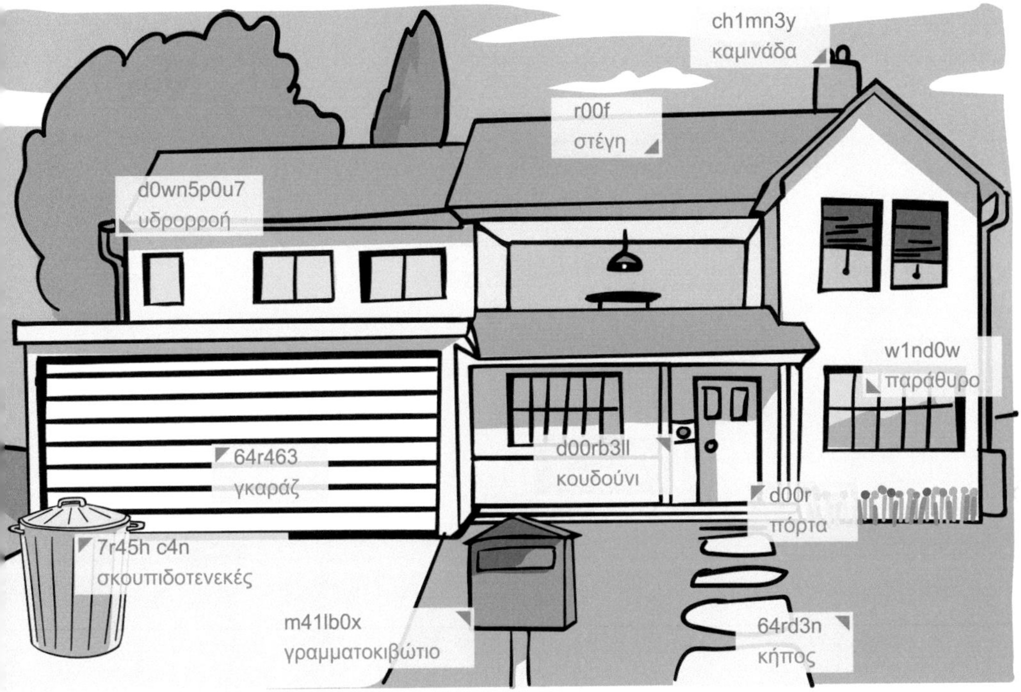
ch1mn3y
καμινάδα
r00f
στέγη
d0wn5p0u7
υδρορροή
w1nd0w
παράθυρο
64r463
γκαράζ
d00rb3ll
κουδούνι
d00r
πόρτα
7r45h c4n
σκουπιδοτενεκές
m41lb0x
γραμματοκιβώτιο
64rd3n
κήπος

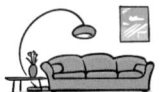

l1v1n6 r00m

σαλόνι

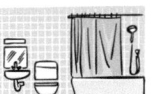

b47hr00m

μπάνιο

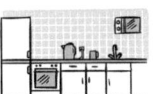

k17ch3n

κουζίνα

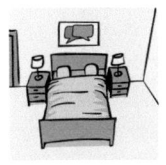

b3dr00m

υπνοδωμάτιο

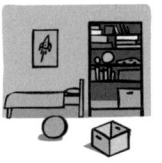

ch1ld'5 r00m

παιδικό δωμάτιο

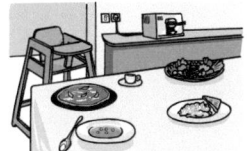

d1n1n6 r00m

τραπεζαρία

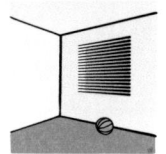

fl00r

πάτωμα

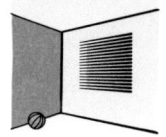

w4ll

τοίχος

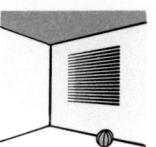

c31l1n6

οροφή

c3ll4r

κελάρι

54un4

σάουνα

b4lc0ny

μπαλκόνι

73rr4c3

βεράντα

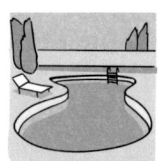

p00l

πισίνα

l4wn m0w3r

μηχανή του γκαζόν

5h337

σεντόνι

b3d5pr34d

κάλυμμα κρεβατιού

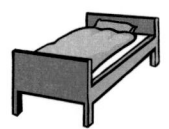

b3d

κρεβάτι

br00m

σκούπα

buck37

κουβάς

5w17ch

διακόπτης

l1v1n6 r00m

σαλόνι

w4llp4p3r
ταπετσαρία
p1c7ur3
φωτογραφία
l4mp
λάμπα
5h3lf
ράφι
c4b1n37
ντουλάπι
73l3v1510n
τηλεόραση
f1r3pl4c3
τζάκι
fl0w3r
λουλούδι
cu5h10n
μαξιλάρι
50f4
καναπές
v453
βάζο
r3m073 c0n7r0l
τηλεκοντρόλ

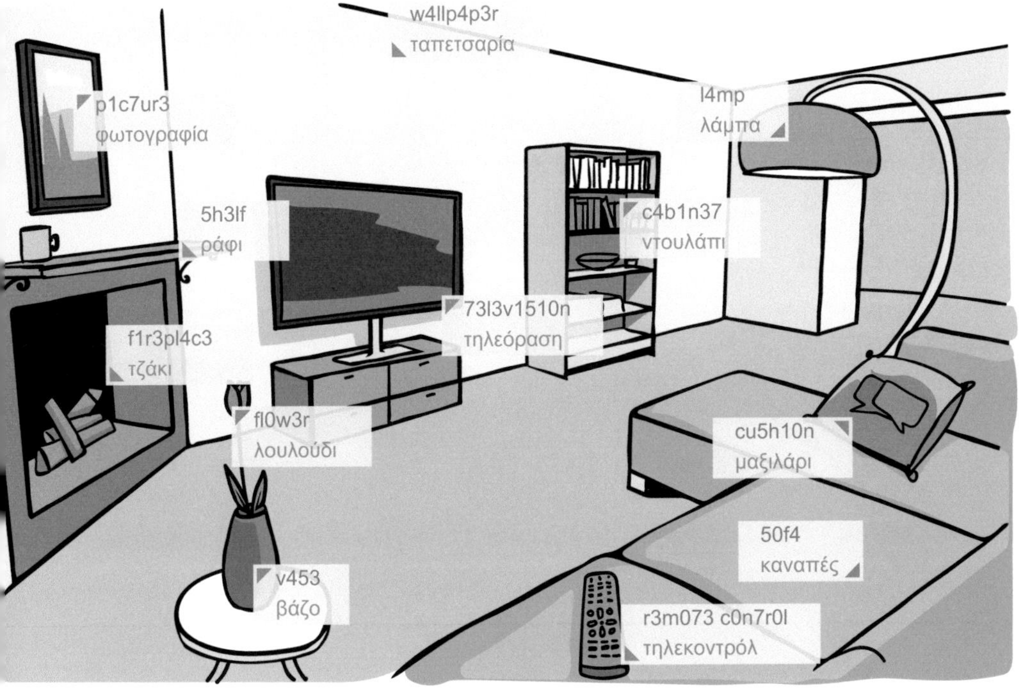

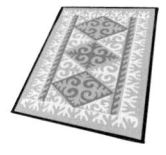

c4rp37

χαλί

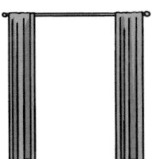

dr4p3

κουρτίνα

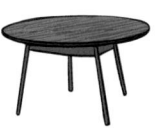

74bl3

τραπέζι

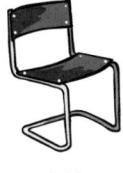

ch41r

καρέκλα

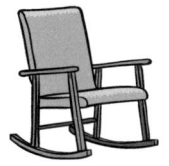

r0ck1n6 ch41r

κουνιστή πολυθρόνα

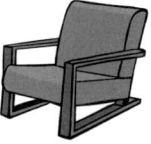

4rmch41r

πολυθρόνα

b00k

βιβλίο

bl4nk37

κουβέρτα

d3c0r4710n

διακόσμηση

f1r3w00d

καυσόξυλα

f1lm

ταινία

573r30 5y573m

στερεοφωνικό σύστημα

k3y

κλειδί

n3w5p4p3r

εφημερίδα

p41n71n6

πίνακας ζωγραφικής

p0573r

αφίσα

r4d10

ραδιόφωνο

n073b00k

σημειωματάριο

v4cuum cl34n3r

ηλεκτρική σκούπα

c4c7u5

κάκτος

c4ndl3

κερί

k17ch3n
κουζίνα

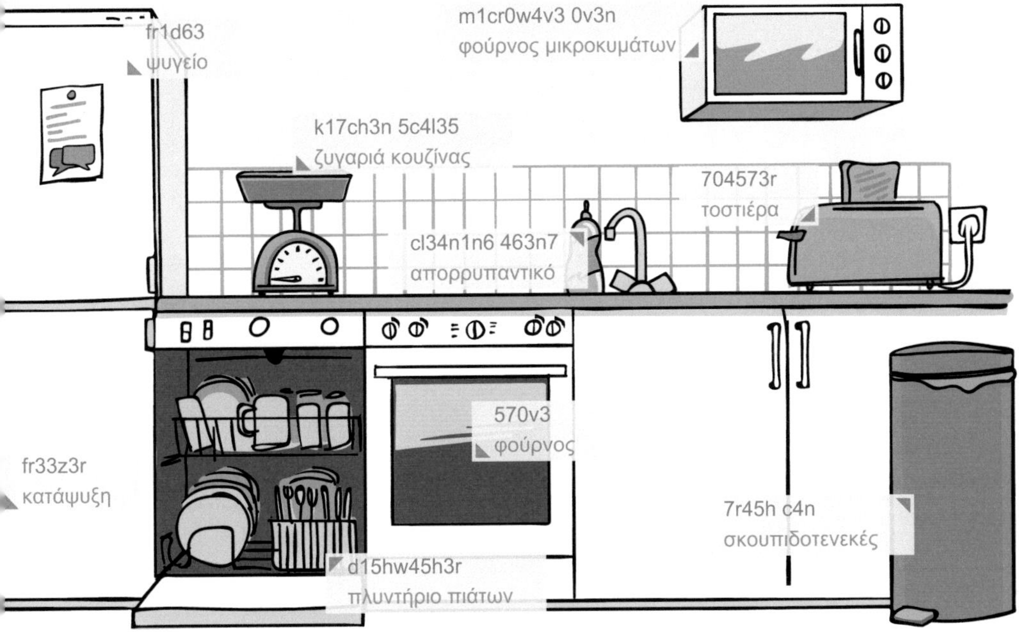

fr1d63
ψυγείο
m1cr0w4v3 0v3n
φούρνος μικροκυμάτων
k17ch3n 5c4l35
ζυγαριά κουζίνας
704573r
τοστιέρα
cl34n1n6 463n7
απορρυπαντικό
570v3
φούρνος
fr33z3r
κατάψυξη
7r45h c4n
σκουπιδοτενεκές
d15hw45h3r
πλυντήριο πιάτων

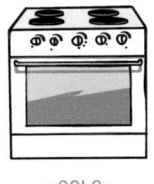

c00k3r

κουζίνα

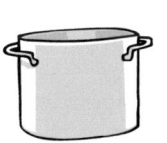

p07

κατσαρόλα

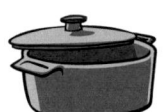

c457-1r0n p07

μαντεμένια κατσαρόλα

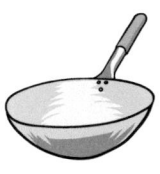

w0k / k4d41

γουόκ/καντάι

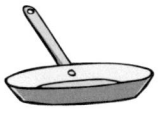

p4n

τηγάνι

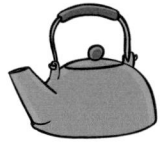

k377l3

βραστήρας

5734m3r

ατμομάγειρας

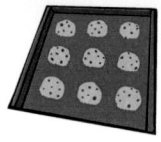

b4k1n6 7r4y

ταψί

cr0ck3ry

πιατικά

mu6

κούπα

b0wl

μπολ

ch0p571ck5

ξυλάκια

l4dl3

κουτάλα

5p47ul4

σπάτουλα

wh15k

ανακατεύω

57r41n3r

σουρωτήρι

513v3

σουρωτηράκι

6r473r

τρίφτης

m0r74r

γουδί

b4rb3cu3

ψησταριά

f1r3pl4c3

ανοιχτή φωτιά

ch0pp1n6 b04rd

σανίδα κοπής

r0ll1n6 p1n

πλάστης

c0rk5cr3w

ανοιχτήρι φελλών

c4n

κονσέρβα

c4n 0p3n3r

ανοιχτήρι κονσέρβας

0v3n cl07h

γάντι φούρνου

51nk

νεροχύτης

bru5h

βούρτσα

5p0n63

σφουγγάρι

bl3nd3r

μπλέντερ

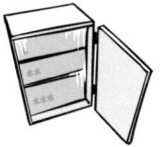

d33p fr33z3r

καταψύκτης

b4by b077l3

μπιμπερό

74p

βρύση

b47hr00m

μπάνιο

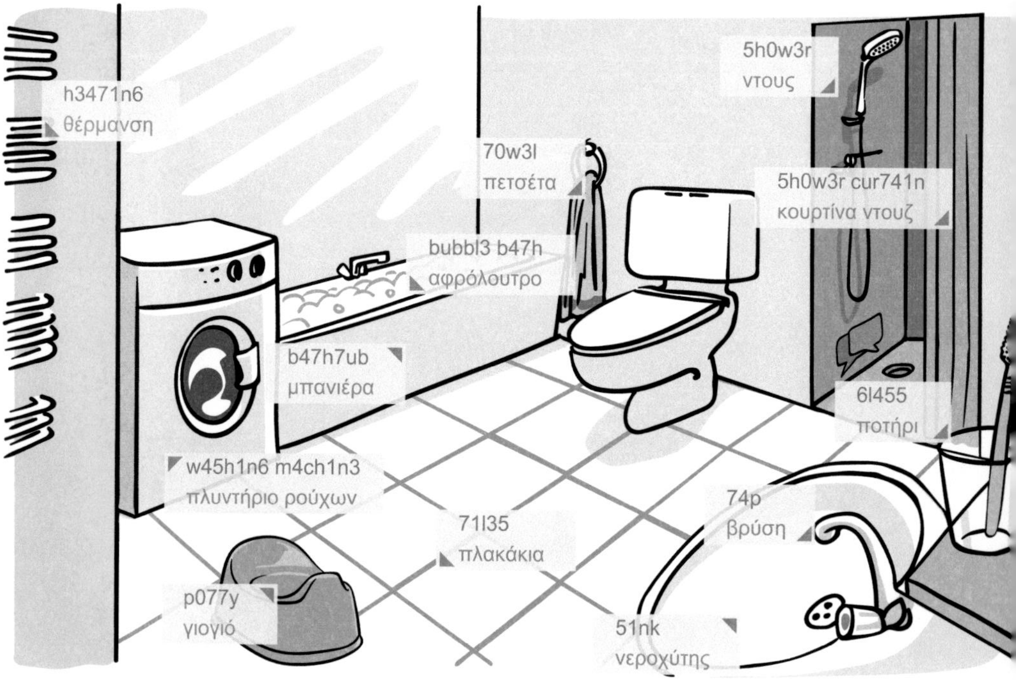

h3471n6
θέρμανση
70w3l
πετσέτα
5h0w3r
ντους
5h0w3r cur741n
κουρτίνα ντουζ
bubbl3 b47h
αφρόλουτρο
b47h7ub
μπανιέρα
6l455
ποτήρι
w45h1n6 m4ch1n3
πλυντήριο ρούχων
74p
βρύση
71l35
πλακάκια
p077y
γιογιό
51nk
νεροχύτης

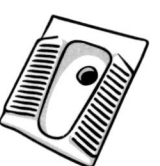

701l37

τουαλέτα

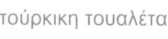

5qu47 701l37

τούρκικη τουαλέτα

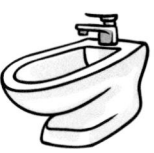

b1d37

μπιντές

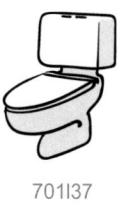

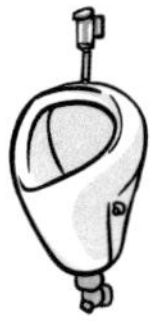

ur1n4l

ουρητήριο

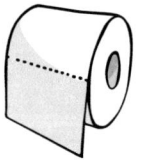

701l37 p4p3r

χαρτί υγείας

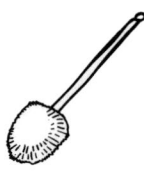

701l37 bru5h

πιγκάλ

7007hbru5h

οδοντόβουρτσα

7007hp4573

οδοντόκρεμα

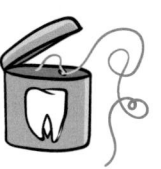

d3n74l fl055

οδοντικό νήμα

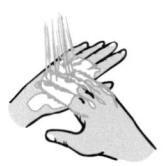

w45h

πλένω

h4nd 5h0w3r

τηλέφωνο ντους

d0uch3

ντουσιέρα

b451n

λεκάνη

b4ck bru5h

βούρτσα πλάτης

504p

σαπούνι

5h0w3r 63l

αφρόλουτρο

5h4mp00

σαμπουάν

fl4nn3l

φανέλα

dr41n

σιφόνι

cr3m3

κρέμα

d30d0r4n7

αποσμητικό

m1rr0r

καθρέφτης

h4nd m1rr0r

καθρέφτης χειρός

r4z0r

ξυραφάκι

5h4v1n6 f04m

αφρός ξυρίσματος

4f73r5h4v3

αφτερσέιβ

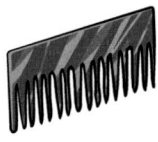

c0mb

χτένα

bru5h

βούρτσα

h41r-dry3r

σεσουάρ

h41r5pr4y

λακ

m4k3up

μακιγιάζ

l1p571ck

κραγιόν

n41l v4rn15h

βερνίκι νυχιών

c0770n w00l

βαμβάκι

n41l 5c1550r5

ψαλίδι νυχιών

p3rfum3

άρωμα

w45hb46

νεσεσέρ

5700l

σκαμπό

w316h1n6 5c4l35

ζυγαριά

b47hr0b3

μπουρνούζι

rubb3r 6l0v35

ελαστικά γάντια

74mp0n

ταμπόν

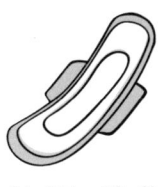

54n174ry 70w3l

πετσέτα υγιεινής

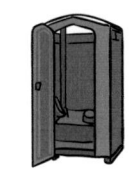

ch3m1c4l 701l37

χημική τουαλέτα

ch1ld'5 r00m

παιδικό δωμάτιο

4l4rm cl0ck
ξυπνητήρι
cuddly 70y
λούτρινο ζωάκι
70y c4r
αυτοκινητάκι
r477l3
κουδουνίστρα
d0ll'5 h0u53
κουκλόσπιτο
pr353n7
δώρο

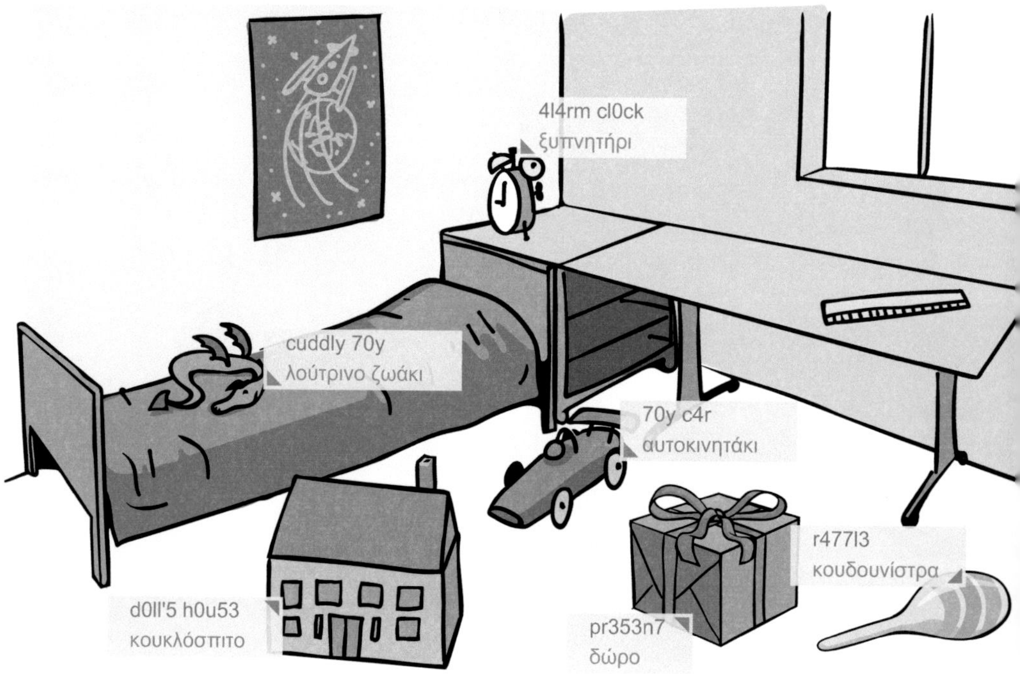

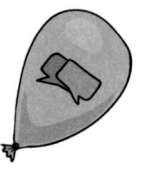

b4ll00n

μπαλόνι

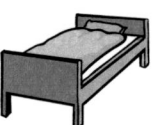

b3d

κρεβάτι

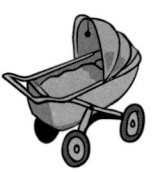

57r0ll3r

καροτσάκι

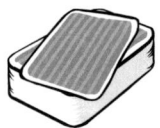

d3ck 0f c4rd5

τράπουλα

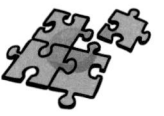

j1654w

παζλ

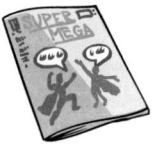

c0m1c

κόμικς

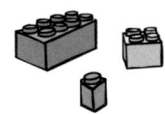

l360 br1ck5

τουβλάκια lego

70y bl0ck5

τουβλάκια κατασκευών

4c710n f16ur3

φιγούρα δράσης

r0mp3r 5u17

βρεφικό φορμάκι

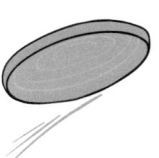

fr15b33

φρίσμπι

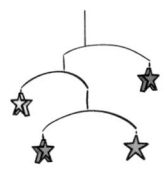

m0b1l3

μόμπιλο

b04rd 64m3

επιτραπέζιο παιχνίδι

d1c3

ζάρια

m0d3l 7r41n 537

σετ τρενάκι

dummy

πιπίλα

p4r7y

πάρτι

p1c7ur3 b00k

εικονογραφημένο βιβλίο

b4ll

μπάλα

d0ll

κούκλα

pl4y

παίζω

54ndp17

σκάμμα με άμμο

5w1n6

κούνια

70y

παιχνίδια

v1d30 64m3 c0n50l3

κονσόλα βιντεοπαιχνιδιών

7r1cycl3

τρίκυκλο

73ddy b34r

αρκουδάκι

w4rdr0b3

ντουλάπα

cl07h1n6

ρούχα

50ck5

κάλτσες

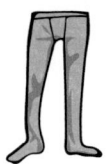

570ck1n65

καλτσοδέτες

716h75

καλσόν

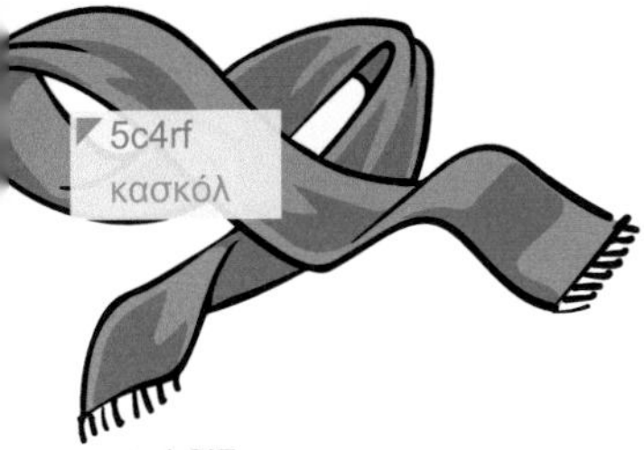

5c4rf
κασκόλ

umbr3ll4
ομπρέλα

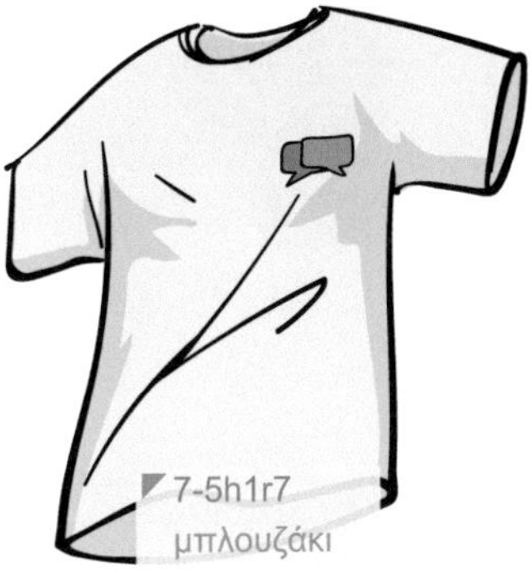

7-5h1r7
μπλουζάκι

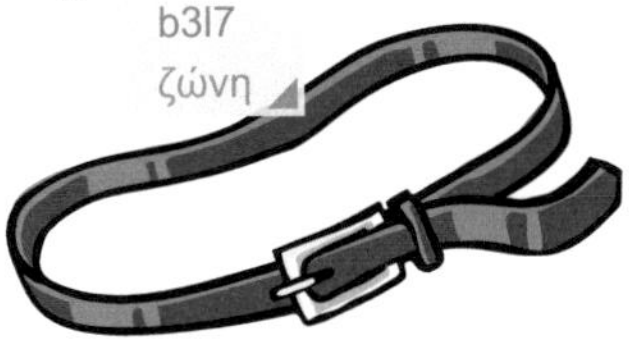

b3l7
ζώνη

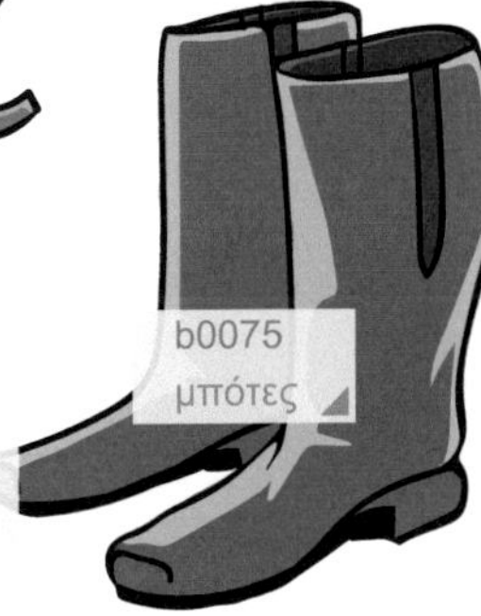

b0075
μπότες

5l1pp3r5
παντόφλες

5n34k3r5
αθλητικά παπούτσια

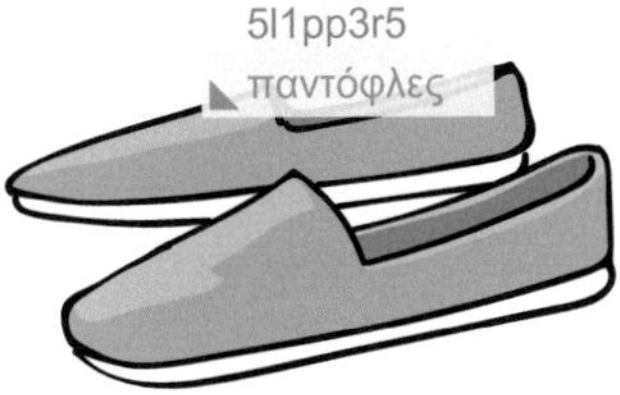

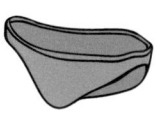

54nd4l5
σανδάλια

5h035
παπούτσια

rubb3r b0075
γαλότσες

br13f5
εσώρουχο

br4
σουτιέν

und3r5h1r7
φανέλα

b0dy

σώμα

p4n75

παντελόνι

j34n5

τζιν παντελόνι

5k1r7

φούστα

bl0u53

μπλούζα

5h1r7

πουκάμισο

pull0v3r

πουλόβερ

5w3473r

πουλόβερ

bl4z3r

σακάκι

j4ck37

μπουφάν

c047

παλτό

r41nc047

αδιάβροχο πανωφόρι

c057um3

κοστούμι

dr355

φόρεμα

w3dd1n6 dr355

νυφικό

5u17

κοστούμι

n16h760wn

νυχτικό

p4j4m45

πιτζάμες

54r1

σάρι

h34d5c4rf

μαντήλι

7urb4n

τουρμπάνι

burk4

μπούρκα

k4f74n

καφτάνι

4b4y4

μουσουλμανικό ένδυμα

5w1m5u17

ολόσωμο μαγιό

7runk5

ανδρικό μαγιό

5h0r75

σορτς

7r4ck5u17

αθλητική φόρμα

4pr0n

ποδιά

6l0v35

γάντια

bu770n

κουμπί

6l45535

γυαλιά

br4c3l37

βραχιόλι

n3ckl4c3

περιδέραιο

r1n6

δαχτυλίδι

34rr1n6

σκουλαρίκι

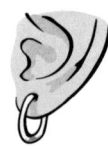

c4p

καπέλο

c047 h4n63r

κρεμάστρα

h47

καπέλο

713

γραβάτα

z1p

φερμουάρ

h3lm37

κράνος

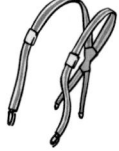

br4c35

τιράντες

5ch00l un1f0rm

μαθητική στολή

un1f0rm

στολή

b1b

σαλιάρα

dummy

πιπίλα

d14p3r

πάνα

0ff1c3

γραφείο

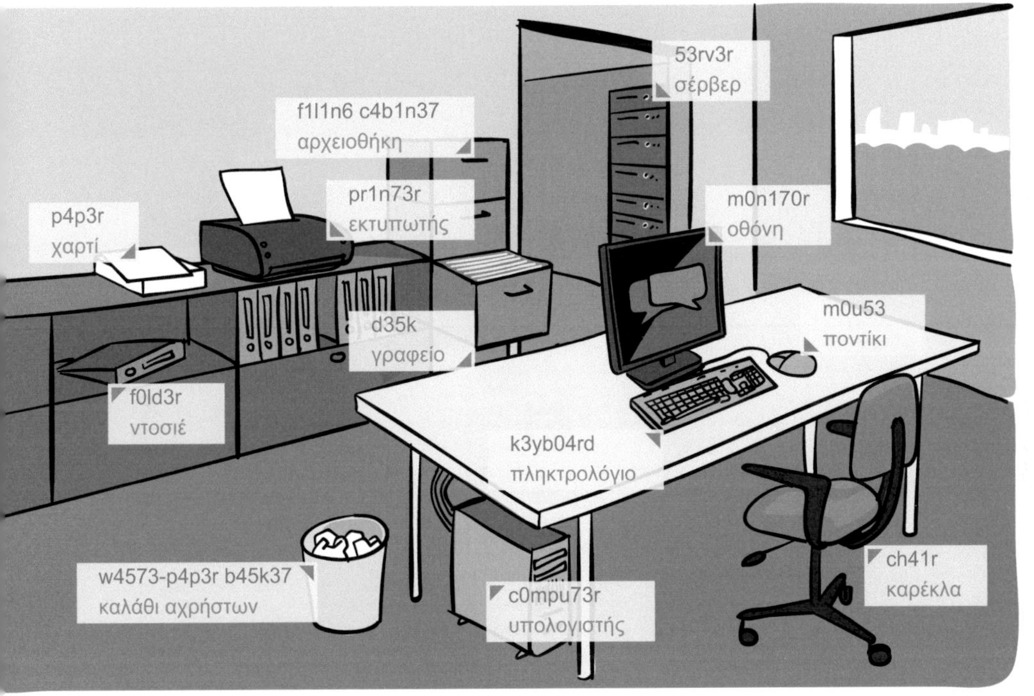

53rv3r
σέρβερ

f1l1n6 c4b1n37
αρχειοθήκη

pr1n73r
εκτυπωτής

m0n170r
οθόνη

p4p3r
χαρτί

d35k
γραφείο

m0u53
ποντίκι

f0ld3r
ντοσιέ

k3yb04rd
πληκτρολόγιο

w4573-p4p3r b45k37
καλάθι αχρήστων

c0mpu73r
υπολογιστής

ch41r
καρέκλα

c0ff33 mu6

κούπα του καφέ

c4lcul470r

κομπιουτεράκι

1n73rn37

ίντερνετ

l4p70p

λάπτοπ

l3773r

γράμμα

m355463

μήνυμα

c3ll ph0n3

κινητό

n37w0rk

δίκτυο

ph070c0p13r

φωτοτυπικό μηχάνημα

50f7w4r3

λογισμικό

73l3ph0n3

τηλέφωνο

plu6 50ck37

πρίζα

f4x m4ch1n3

συσκευή φαξ

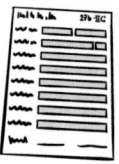

f0rm

έντυπο

d0cum3n7

έγγραφο

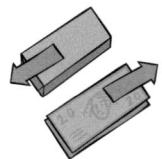

buy

αγοράζω

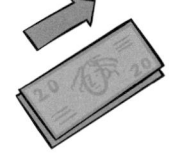

p4y

πληρώνω

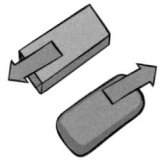

7r4d3

συναλλάσσομαι

m0n3y

χρήματα

USD

d0ll4r

δολάριο

EUR

3ur0

ευρώ

JPY

y3n

γιεν

RUB

r0ubl3

ρούβλι

CHF

5w155 fr4nc

ελβετικό φράγκο

CNY

r3nm1nb1 yu4n

ρενμίνμπι γιουάν

INR

rup33

ρουπία

c45h p01n7

ATM (αυτόματη ταμειακή μηχανή)

curr3ncy 3xch4n63 0ff1c3

ανταλλακτήρια
συναλλάγματος

60ld

χρυσός

51lv3r

ασήμι

01l

πετρέλαιο

3n3r6y

ενέργεια

pr1c3

τιμή

c0n7r4c7

συμβόλαιο

74x

φόρος

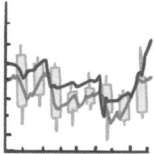

570ck

μετοχή

w0rk

δουλεύω

3mpl0y33

υπάλληλος

3mpl0y3r

εργοδότης

f4c70ry

εργοστάσιο

5h0p

κατάστημα

p0l1c3 0ff1c3r
αστυνόμος

f1r3m4n
πυροσβέστης

c00k
μάγειρας

d0c70r
γιατρός

p1l07
πιλότος

64rd3n3r

κηπουρός

c4rp3n73r

ξυλουργός

534m57r355

μοδίστρα

jud63

δικαστής

ch3m157

χημικός

4c70r

ηθοποιός

bu5 dr1v3r

οδηγός λεωφορείου

74x1 dr1v3r

ταξιτζής

f15h3rm4n

ψαράς

cl34n1n6 l4dy

καθαρίστρια

r00f3r

τεχνίτης στεγών

w4173r

σερβιτόρος

hun73r

κυνηγός

p41n73r

ζωγράφος

b4k3r

αρτοποιός

3l3c7r1c14n

ηλεκτρολόγος

bu1ld3r

οικοδόμος

3n61n33r

μηχανολόγος

bu7ch3r

κρεοπώλης

plumb3r

υδραυλικός

p057m4n

ταχυδρόμος

50ld13r

στρατιώτης

4rch173c7

αρχιτέκτονας

c45h13r

ταμίας

fl0r157

ανθοπώλης

h41rdr3553r

κομμωτής

c0nduc70r

ελεγκτής εισιτηρίων

m3ch4n1c

μηχανικός

c4p741n

καπετάνιος

d3n7157

οδοντίατρος

5c13n7157

επιστήμονας

r4bb1

ραβίνος

1m4m

ιμάμης

m0nk

μοναχός

p4570r

ιερέας

700l5

εργαλεία

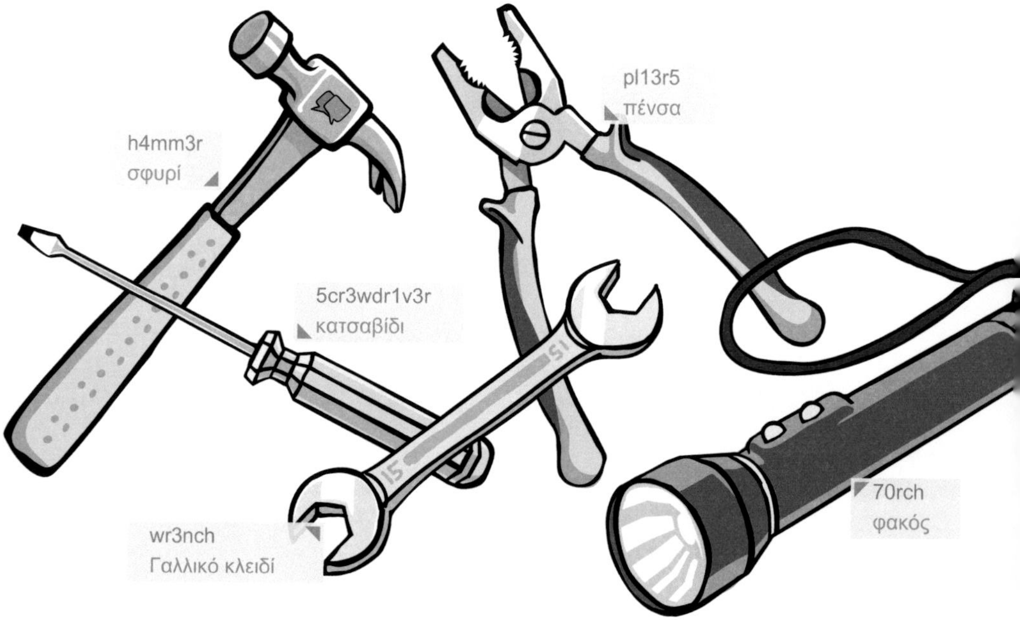
pl13r5
πένσα
h4mm3r
σφυρί
5cr3wdr1v3r
κατσαβίδι
70rch
φακός
wr3nch
Γαλλικό κλειδί

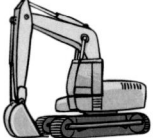

3xc4v470r

εκσκαφέας

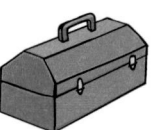

700lb0x

εργαλειοθήκη

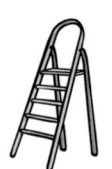

l4dd3r

σκάλα

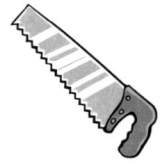

54w

πριόνι

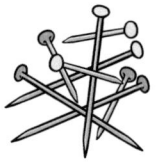

n41l5

καρφιά

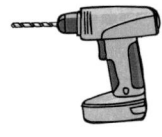

dr1ll

τρυπάνι

r3p41r

επισκευάζω

5h0v3l

φτυάρι

d4mn!

Να πάρει!

du57p4n

φαράσι

p41n7 c4n

δοχείο χρωμάτων

5cr3w5

βίδες

mu51c4l 1n57rum3n75
μουσικά όργανα

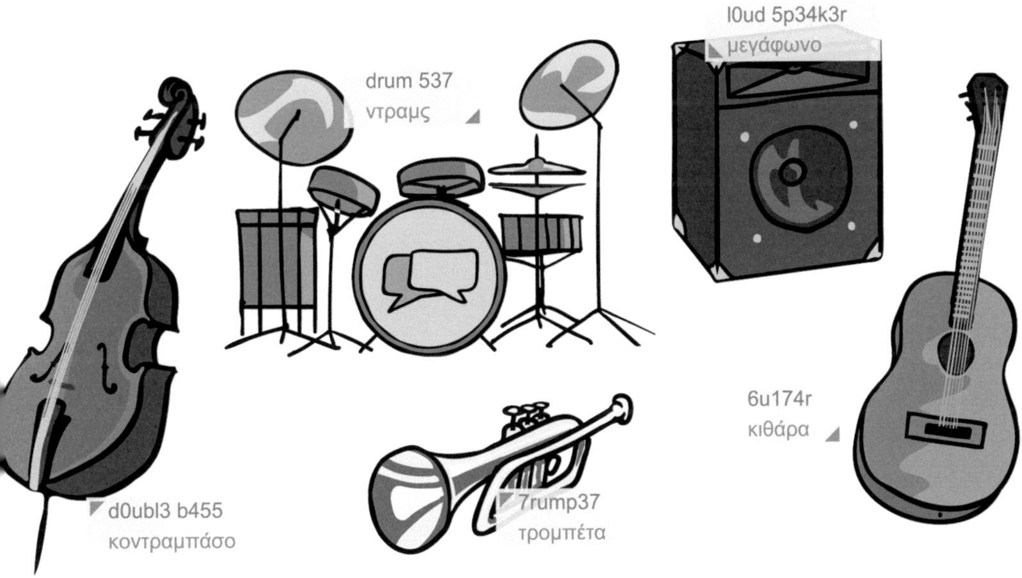

drum 537
ντραμς

l0ud 5p34k3r
μεγάφωνο

6u174r
κιθάρα

d0ubl3 b455
κοντραμπάσο

7rump37
τρομπέτα

p14n0

πιάνο

v10l1n

βιολί

b455

μπάσο

71mp4n1

τύμπανα

drum5

τύμπανο

k3yb04rd

πλήκτρα

54x0ph0n3

σαξόφωνο

flu73

φλάουτο

m1cr0ph0n3

μικρόφωνο

ζωολογικός κήπος

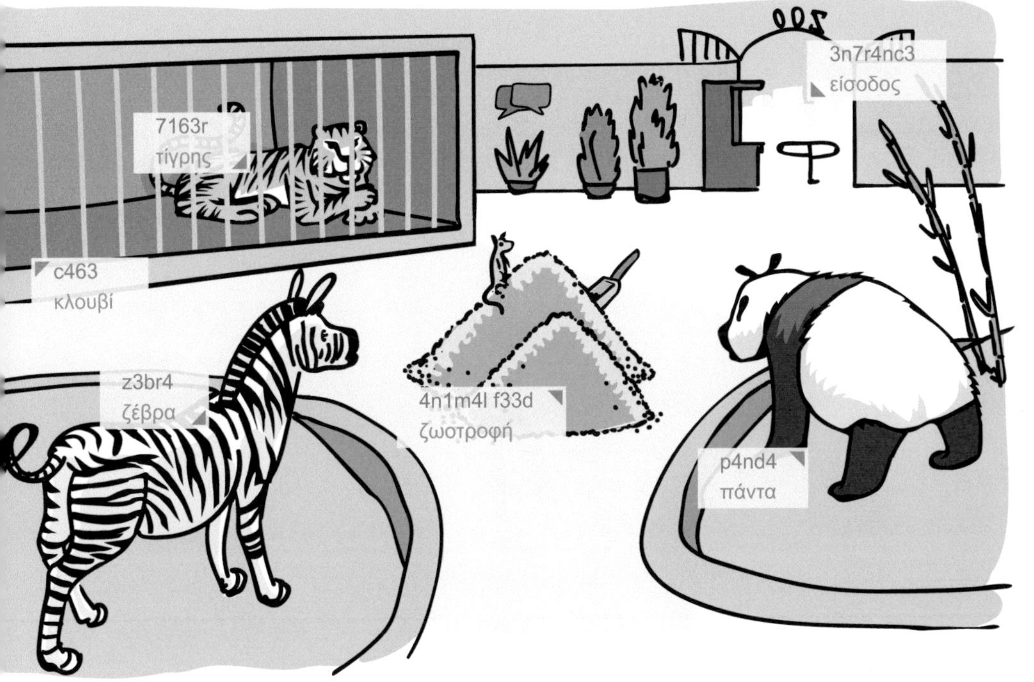
z00
3n7r4nc3
είσοδος
7163r
τίγρης
c463
κλουβί
z3br4
ζέβρα
4n1m4l f33d
ζωοτροφή
p4nd4
πάντα

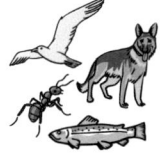

4n1m4l5

ζώα

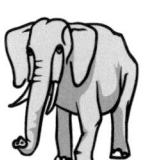

3l3ph4n7

ελέφαντας

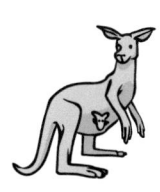

k4n64r00

καγκουρό

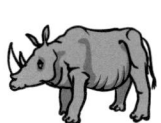

rh1n0

ρινόκερος

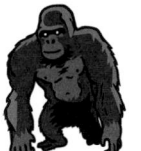

60r1ll4

γορίλας

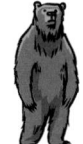

b34r

αρκούδα

c4m3l

καμήλα

057r1ch

στρουθοκάμηλος

l10n

λιοντάρι

m0nk3y

πίθηκος

fl4m1n60

φλαμίνγκο

p4rr07

παπαγάλος

p0l4r b34r

πολική αρκούδα

p3n6u1n

πιγκουίνος

5h4rk

καρχαρίας

p34c0ck

παγώνι

5n4k3

φίδι

cr0c0d1l3

κροκόδειλος

z00k33p3r

φύλακας ζωολογικού κήπου

534l

φώκια

j46u4r

τζάγκουαρ

p0ny

πόνυ

l30p4rd

λεοπάρδαλη

h1pp0

ιπποπόταμος

61r4ff3

καμηλοπάρδαλη

346l3

αετός

b04r

αγριογούρουνο

f15h

ψάρι

7ur7l3

χελώνα

w4lru5

θαλάσσιος ίππος

f0x

αλεπού

64z3ll3

γαζέλα

z00 - ζωολογικός κήπος

4m3r1c4n f007b4ll
Αμερικάνικο ποδόσφαιρο

cycl1n6
ποδηλασία

73nn15
αντισφαίριση

b45k37b4ll
μπάσκετ

5w1mm1n6
κολύμβηση

b0x1n6
πυγχαμία

1c3 h0ck3y
χόκεϋ επί πάγου

50cc3r

ποδόσφαιρο

b4dm1n70n

μπάντμιντον

47hl371c5

στίβος

h4ndb4ll

χάντμπολ

5k11n6

σκι

p0l0

πόλο

l4u6h
γελάω

jump
πηδάω

hu6
αγκαλιάζω

w4lk
περπατάω

51n6
τραγουδάω

dr34m
ονειρεύομαι

pr4y
προσεύχομαι

k155
φιλάω

wr173

γράφω

dr4w

σχεδιάζω

5h0w

δείχνω

pu5h

πιέζω

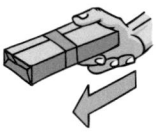

61v3

δίνω

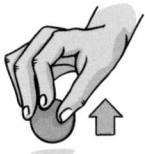

74k3

παίρνω

h4v3

έχω

d0

κάνω

b3

είμαι

574nd

στέκομαι

run

τρέχω

pull

τραβάω

7hr0w

ρίχνω

f4ll

πέφτω

l13

ξαπλώνω

w417

περιμένω

c4rry

κουβαλώ

517

κάθομαι

637 dr3553d

φοράω

5l33p

κοιμάμαι

w4k3 up

ξυπνάω

l00k 47

κοιτάω

cry

κλαίω

57r0k3

χαϊδεύω

c0mb

χτενίζω

74lk

μιλάω

und3r574nd

καταλαβαίνω

45k

ρωτάω

l1573n

ακούω

dr1nk

πίνω

347

τρώω

71dy up

συγυρίζω

l0v3

αγαπάω

c00k

μαγειρεύω

dr1v3

οδηγώ

fly

πετάω

5411

κάνω ιστιοπλοΐα

c4lcul473

υπολογίζω

r34d

διαβάζω

l34rn

μαθαίνω

w0rk

δουλεύω

m4rry

παντρεύομαι

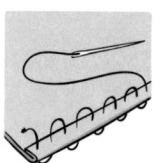

53w

ράβω

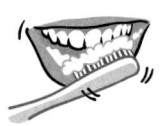

bru5h 7337h

βουρτσίζω τα δόντια

k1ll

σκοτώνω

5m0k3

καπνίζω

53nd

στέλνω

f4m1ly

οικογένεια

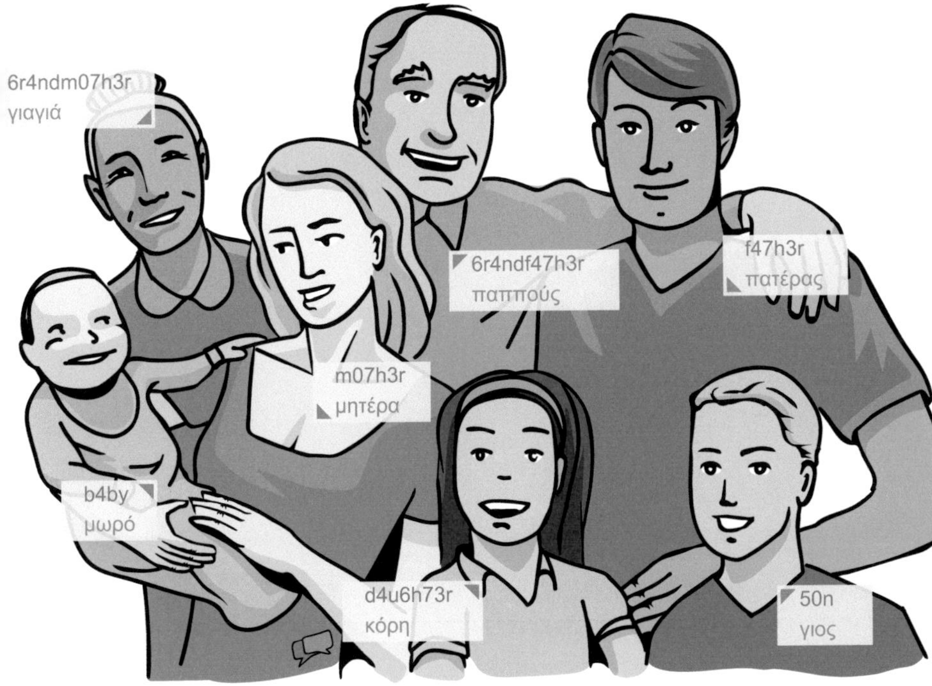

6r4ndm07h3r
γιαγιά
6r4ndf47h3r
παππούς
f47h3r
πατέρας
m07h3r
μητέρα
b4by
μωρό
d4u6h73r
κόρη
50n
γιος

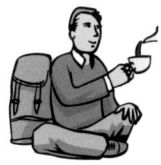

6u357

καλεσμένος

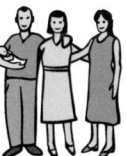

4un7

θεία

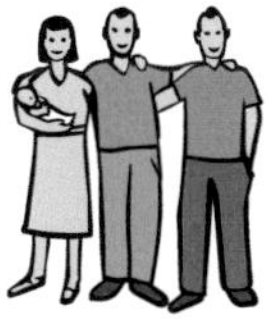

uncl3

θείος

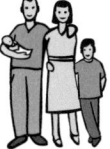

br07h3r

αδελφός

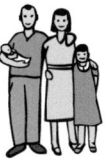

51573r

αδελφή

b0dy
σώμα

f0r3h34d
μέτωπο
3y3
μάτι
5h0uld3r
ώμος
f1n63r
δάχτυλο
f4c3
πρόσωπο
ch1n
πιγούνι
h4nd
χέρι
l36
πόδι
br3457
στήθος
4rm
βραχίονας

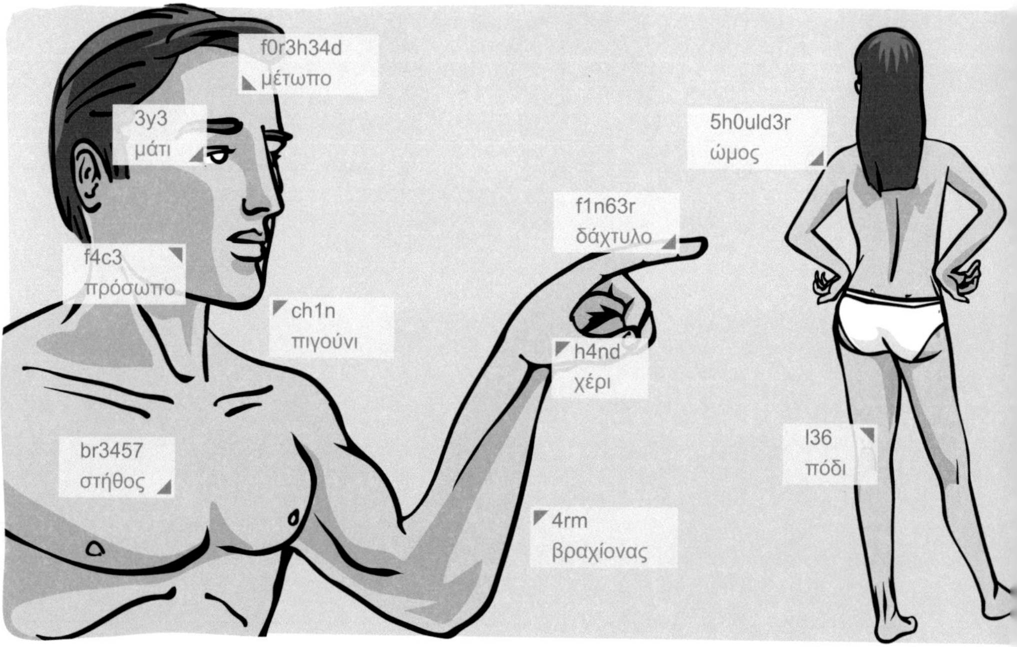

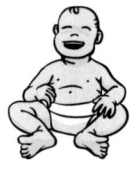

b4by

μωρό

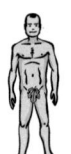

m4n

άνδρας

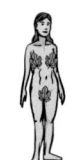

w0m4n

γυναίκα

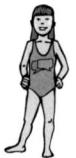

61rl

κορίτσι

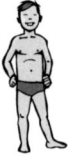

b0y

αγόρι

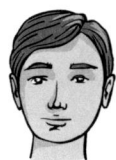

h34d

κεφάλι

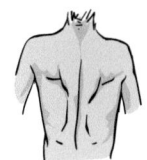

b4ck

πλάτη

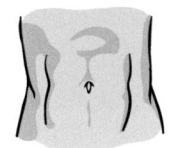

b3lly

κοιλιά

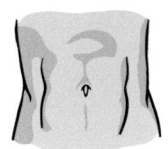

n4v3l

αφαλός

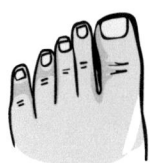

703

δάχτυλο ποδιού

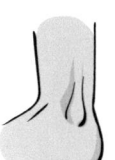

h33l

φτέρνα

b0n3

κόκκαλο

h1p

γοφός

kn33

γόνατο

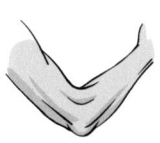

3lb0w

αγκώνας

n053

μύτη

bu770ck5

γλουτός

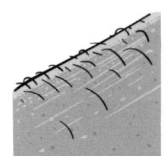

5k1n

δέρμα

ch33k

μάγουλο

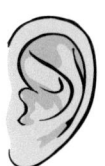

34r

αυτί

l1p

χείλος

b0dy - σώμα

m0u7h

στόμα

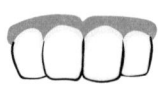

7007h

δόντι

70n6u3

γλώσσα

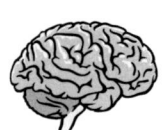

br41n

εγκέφαλος

h34r7

καρδιά

mu5cl3

μυς

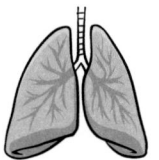

lun6

πνεύμονας

l1v3r

συκώτι

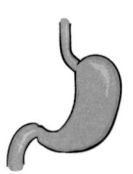

570m4ch

στομάχι

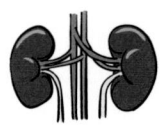

k1dn3y5

νεφρά

53x

σεξουαλική επαφή

c0nd0m

προφυλακτικό

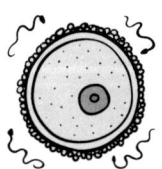

0vum

ωάριο

53m3n

σπέρμα

pr36n4ncy

εγκυμοσύνη

b0dy - σώμα

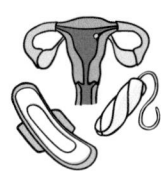

m3n57ru4710n

περίοδος

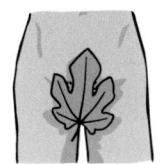

v461n4

γυναικείος κόλπος

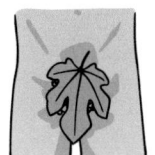

p3n15

πέος

3y3br0w

φρύδι

h41r

μαλλιά

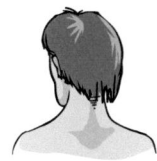

n3ck

λαιμός

h05p174l

νοσοκομείο

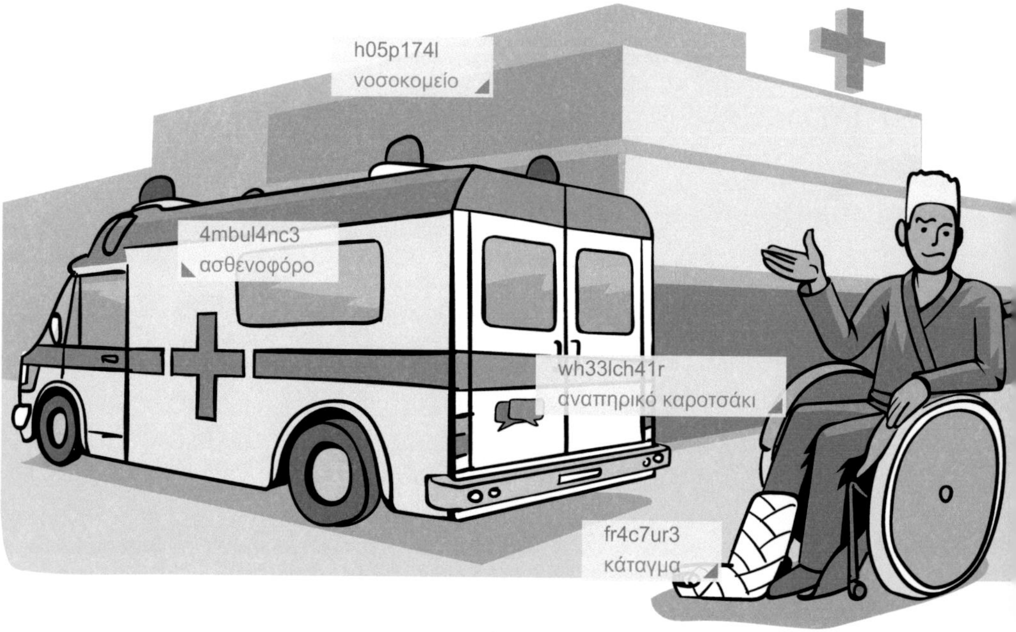

h05p174l
νοσοκομείο
4mbul4nc3
ασθενοφόρο
wh33lch41r
αναπηρικό καροτσάκι
fr4c7ur3
κάταγμα

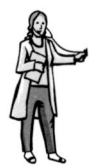

d0c70r

γιατρός

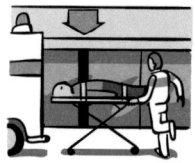

3m3r63ncy r00m

μονάδα εντατικής θεραπείας

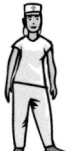

nur53

νοσοκόμα

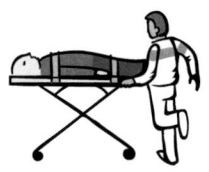

3m3r63ncy

έκτακτη ανάγκη

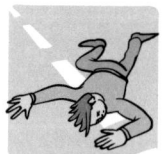

unc0n5c10u5

λιπόθυμος

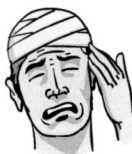

p41n

πόνος

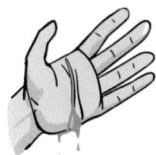

1njury

τραύμα

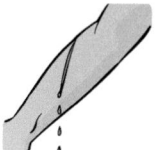

bl33d1n6

αιμορραγία

h34r7 4774ck

έμφραγμα

57r0k3

εγκεφαλικό

4ll3r6y

αλλεργία

c0u6h

βήχας

f3v3r

πυρετός

flu

γρίπη

d14rrh34

διάρροια

h34d4ch3

πονοκέφαλος

c4nc3r

καρκίνος

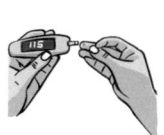

d14b3735

διαβήτης

5ur630n

χειρουργός

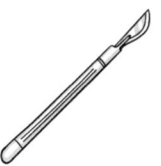

5c4lp3l

νυστέρι

0p3r4710n

εγχείρηση

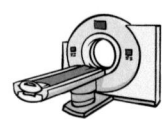

c7

αξονική τομογραφία

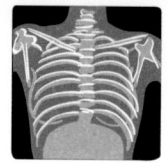

x-r4y

ακτινογραφία

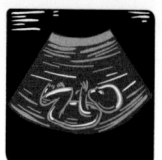

ul7r450und

υπέρηχος

f4c3 m45k

μάσκα

d153453

ασθένεια

w4171n6 r00m

αίθουσα αναμονής

cru7ch

πατερίτσα

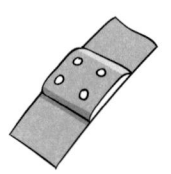

pl4573r

χάνσαπλαστ

b4nd463

επίδεσμος

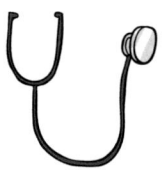

1nj3c710n

ένεση

5737h05c0p3

στηθοσκόπιο

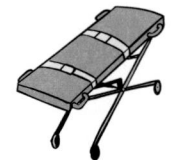

57r37ch3r

φορείο

cl1n1c4l 7h3rm0m373r

θερμόμετρο

b1r7h

γέννηση

0v3rw316h7

υπέρβαρο

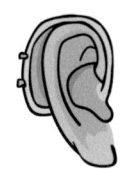

h34r1n6 41d

ακουστικό βαρηκοΐας

d151nf3c74n7

αντισηπτικό

1nf3c710n

λοίμωξη

v1ru5

ιός

h1v / 41d5

HIV/AIDS

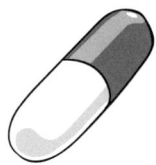

m3d1c1n3

φάρμακο

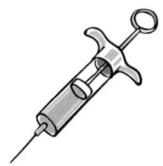

v4cc1n4710n

εμβολιασμός

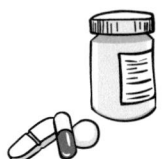

74bl375

δισκία

p1ll

χάπι

3m3r63ncy c4ll

κλήση έκτακτης ανάγκης

bl00d pr355ur3 m0n170r

πιεσόμετρο αίματος

1ll / h34l7hy

άρρωστος / υγιής

h3lp!

Βοήθεια!

4l4rm

συναγερμός

4554ul7

βιαιοπραγία

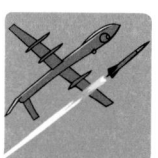

4774ck

επίθεση

d4n63r

κίνδυνος

3m3r63ncy 3x17

έξοδος κινδύνου

f1r3!

Φωτιά!

f1r3 3x71n6u15h3r

πυροσβεστήρας

4cc1d3n7

ατύχημα

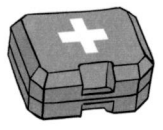

f1r57-41d k17

κουτί πρώτων βοηθειών

505

SOS

p0l1c3

αστυνομία

3ur0p3

Ευρώπη

n0r7h 4m3r1c4

Βόρεια Αμερική

50u7h 4m3r1c4

Νότια Αμερική

4fr1c4

Αφρική

4514

Ασία

4u57r4l14

Αυστραλία

47l4n71c

Ατλαντικός Ωκεανός

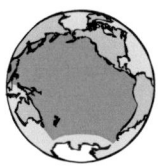

p4c1f1c

Ειρηνικός Ωκεανός

1nd14n 0c34n

Ινδικός Ωκεανός

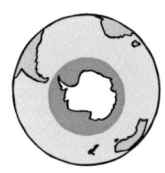

4n74rc71c 0c34n

Ανταρκτικός Ωκεανός

4rc71c 0c34n

Αρκτικός Ωκεανός

n0r7h p0l3

Βόρειος Πόλος

50u7h p0l3

Νότιος Πόλος

4n74rc71c4

Ανταρκτική

34r7h

Γη

l4nd

γη

534

θάλασσα

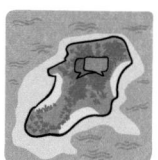

15l4nd

νησί

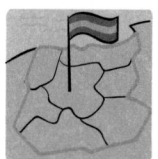

n4710n

έθνος

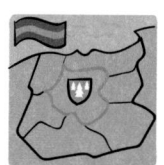

57473

πολιτεία

cl0ck f4c3

καντράν ρολογιού

h0ur h4nd

ωροδείκτης

m1nu73 h4nd

λεπτοδείκτης

53c0nd h4nd

δείκτης δευτερολέπτων

wh47 71m3 15 17?

Τι ώρα είναι;

d4y

ημέρα

71m3

χρόνος

n0w

τώρα

d16174l w47ch

ψηφιακό ρολόι

m1nu73

λεπτό

h0ur

ώρα

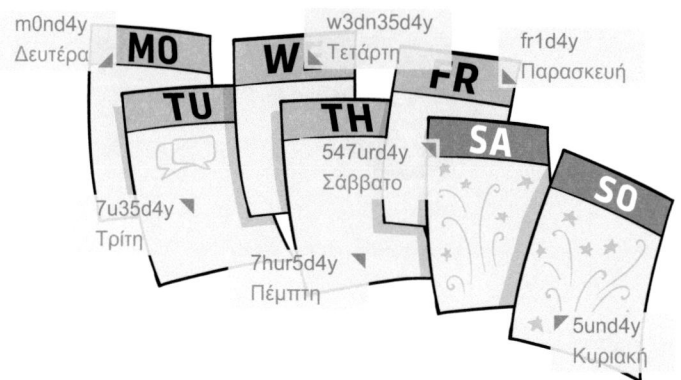

m0nd4y
Δευτέρα

w3dn35d4y
Τετάρτη

fr1d4y
Παρασκευή

547urd4y
Σάββατο

7u35d4y
Τρίτη

7hur5d4y
Πέμπτη

5und4y
Κυριακή

y3573rd4y

χθες

70d4y

σήμερα

70m0rr0w

αύριο

m0rn1n6

πρωί

n00n

μεσημέρι

3v3n1n6

βράδυ

w0rkd4y5

εργάσιμες ημέρες

w33k3nd

Σαββατοκύριακο

r41n
βροχή

5pr1n6
άνοιξη

r41nb0w
ουράνιο τόξο

5umm3r
καλοκαίρι

w1nd
άνεμος

f4ll
φθινόπωρο

5n0w
χιόνι

w1n73r
χειμώνας

4.APRIL	11°
5.APRIL	4°
6.APRIL	13°
7.APRIL	8°
8.APRIL	10°

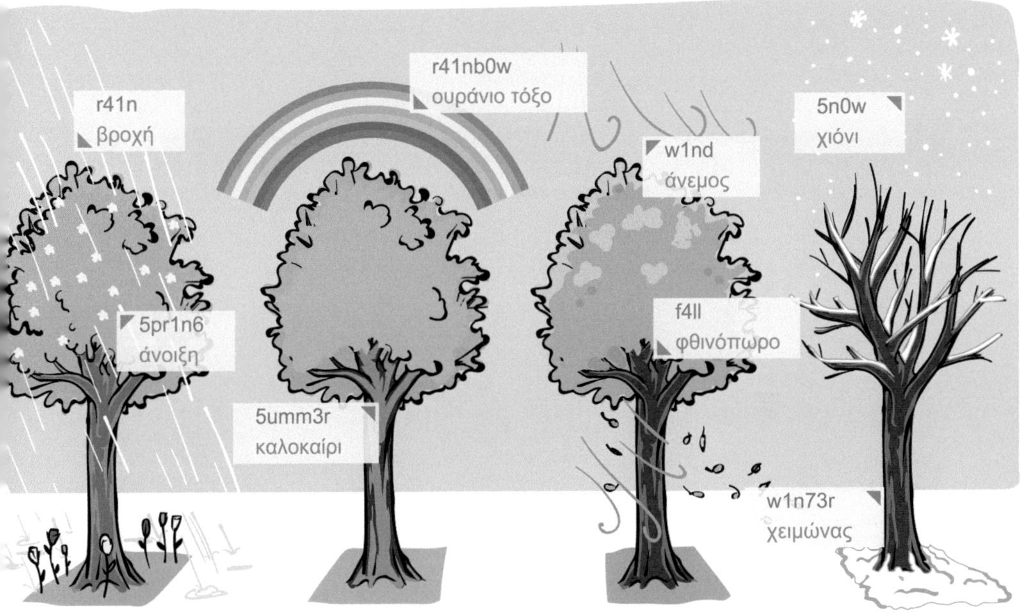

w347h3r f0r3c457

πρόγνωση καιρού

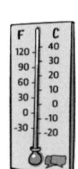

7h3rm0m373r

θερμόμετρο

5un5h1n3

λιακάδα

cl0ud

σύννεφο

f06

ομίχλη

hum1d17y

υγρασία

l16h7n1n6

αστραπή

7hund3r

κεραυνός

570rm

καταιγίδα

h41l

χαλάζι

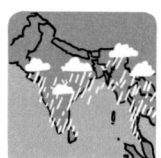

m0n500n

μουσώνας

fl00d

πλημμύρα

1c3

πάγος

j4nu4ry

Ιανουάριος

f3bru4ry

Φεβρουάριος

m4rch

Μάρτιος

4pr1l

Απρίλιος

m4y

Μάιος

jun3

Ιούνιος

july

Ιούλιος

4u6u57

Αύγουστος

53p73mb3r

Σεπτέμβριος

0c70b3r

Οκτώβριος

n0v3mb3r

Νοέμβριος

d3c3mb3r

Δεκέμβριος

5h4p35
σχήματα

c1rcl3

κύκλος

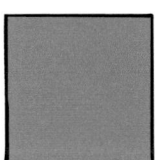

5qu4r3

τετράγωνο

r3c74n6l3

ορθογώνιο
παραλληλόγραμμο

7r14n6l3

τρίγωνο

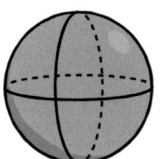

5ph3r3

σφαίρα

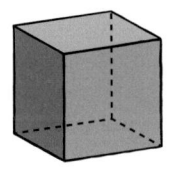

cub3

κύβος

wh173

άσπρο

y3ll0w

κίτρινο

0r4n63

πορτοκαλί

p1nk

ροζ

r3d

κόκκινο

purpl3

μωβ

blu3

μπλε

6r33n

πράσινο

br0wn

καφέ

6r4y

γκρι

bl4ck

μαύρο

4 l07 / 4 l177l3

πολύ / λίγο

4n6ry / c4lm

θυμωμένος / ήρεμος

b34u71ful / u6ly

όμορφος / άσχημος

b361nn1n6 / 3nd

αρχή / τέλος

b16 / 5m4ll

μεγάλος / μικρός

br16h7 / d4rk

φωτεινός / σκοτεινός

br07h3r / 51573r

αδελφός / αδελφή

cl34n / d1r7y

καθαρός / λερωμένος

c0mpl373 / 1nc0mpl373

πλήρης / ατελής

d4y / n16h7

ημέρα / νύχτα

d34d / 4l1v3

νεκρός / ζωντανός

w1d3 / n4rr0w

φαρδύς / στενός

3d1bl3 / 1n3d1bl3

βρώσιμος / μη βρώσιμος

3v1l / k1nd

κακός / ευγενικός

3xc173d / b0r3d

ενθουσιασμένος / βαριεστημένος

f47 / 7h1n

παχύς / λεπτός

f1r57 / l457

πρώτος / τελευταίος

fr13nd / 3n3my

φίλος / εχθρός

full / 3mp7y

γεμάτος / άδειος

h4rd / 50f7

σκληρός / μαλακός

h34vy / l16h7

βαρύς / ελαφρύς

hun63r / 7h1r57

πείνα / δίψα

1ll / h34l7hy

άρρωστος / υγιής

1ll364l / l364l

παράνομος / νόμιμος

1n73ll163n7 / 57up1d

έξυπνος / χαζός

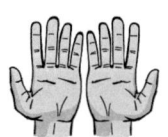

l3f7 / r16h7

αριστερός / δεξιός

n34r / f4r

κοντινός / μακρινός

n3w / u53d

καινούριος / μεταχειρισμένος

n07h1n6 / 50m37h1n6

τίποτα / κάτι

0ld / y0un6

γέρος | νέος

0n / 0ff

αναμμένος / σβηστός

0p3n / cl053d

ανοιχτός / κλειστός

qu137 / l0ud

χαμηλόφωνος / μεγαλόφωνος

r1ch / p00r

πλούσιος / φτωχός

r16h7 / wr0n6

σωστός / λανθασμένος

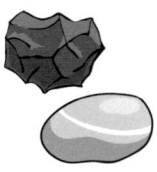

r0u6h / 5m007h

τραχύς / λείος

54d / h4ppy

λυπημένος / χαρούμενος

5h0r7 / l0n6

κοντός / μακρύς

5l0w / f457

αργός / γρήγορος

w37 / dry

υγρός / στεγνός

w4rm / c00l

ζεστός / δροσερός

w4r / p34c3

πόλεμος / ειρήνη

0

z3r0

μηδέν

1

0n3

ένα

2

7w0

δύο

3

7hr33

τρία

4

f0ur

τέσσερα

5

f1v3

πέντε

6

51x

έξι

7

53v3n

εφτά

8

316h7

οκτώ

9

n1n3

εννιά

10

73n

δέκα

11

3l3v3n

έντεκα

12	**13**	**14**
7w3lv3	7h1r733n	f0ur733n
δώδεκα	δεκατρία	δεκατέσσερα

15	**16**	**17**
f1f733n	51x733n	53v3n733n
δεκαπέντε	δεκαέξι	δεκαεφτά

18	**19**	**20**
316h733n	n1n3733n	7w3n7y
δεκαοκτώ	δεκαεννέα	είκοσι

100	**1.000**	**1.000.000**
hundr3d	7h0u54nd	m1ll10n
εκατό	χίλια	εκατομμύριο

3n6l15h

Αγγλικά

4m3r1c4n 3n6l15h

Αμερικάνικα Αγγλικά

ch1n353 m4nd4r1n

Μανδαρίνικα Κινέζικα

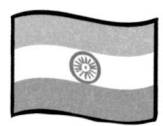

h1nd1

Χίντι

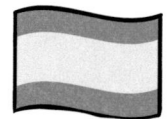

5p4n15h

Ισπανικά

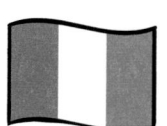

fr3nch

Γαλλικά

4r4b1c

Αραβικά

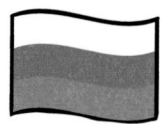

ru5514n

Ρώσικα

p0r7u6u353

Πορτογαλικά

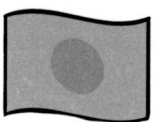

b3n64l1

Μπενγκάλι

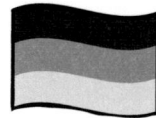

63rm4n

Γερμανικά

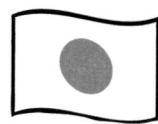

j4p4n353

Ιαπωνικά

1

εγώ

y0u

εσύ

h3 / 5h3 / 17

αυτός / αυτή / αυτό

w3

εμείς

y0u

εσείς

7h3y

αυτοί / αυτές / αυτά

wh0?

ποιος / ποια / ποιο;

wh47?

τι;

h0w?

πώς;

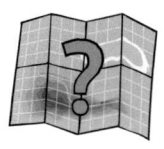

wh3r3?

πού;

wh3n?

πότε;

n4m3

όνομα

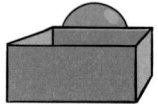

b3h1nd

πίσω

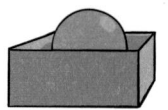

1n

μέσα

1n fr0n7 0f

μπροστά

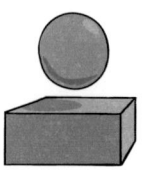

0v3r

πάνω από

0n

πάνω

und3r

κάτω

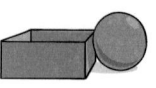

b351d3

δίπλα

b37w33n

ανάμεσα

pl4c3

μέρος